Benjamin Seifert

Träume vom modernen Deutschland

Horst Ehmke, Reimut Jochimsen
und die Planung des Politischen in der ersten Regierung
Willy Brandts

GÖTTINGER JUNGE FORSCHUNG

Schriftenreihe des Göttinger Instituts für Demokratieforschung

Herausgegeben von Dr. Matthias Micus

ISSN 2190-2305

1   *Stine Harm*
    Bürger oder Genossen?
    Carlo Schmid und Hedwig Wachenheim - Sozialdemokraten trotz bürgerlicher
    Herkunft
    ISBN 978-3-8382-0104-7

2   *Benjamin Seifert*
    Träume vom modernen Deutschland
    Horst Ehmke, Reimut Jochimsen und die Planung des Politischen in der ersten
    Regierung Willy Brandts
    ISBN 978-3-8382-0105-4

In Vorbereitung:

Frauke Schulz
„Im Zweifel für die Freiheit"
Aufstieg und Fall des Seiteneinsteigers Werner Maihofer in der FDP
ISBN 978-3-8382-0111-5

Daniela Kallinich
Die politische Karriere von Nicolas Sarkozy
ISBN 978-3-8382-0122-1

Ralf Schönfeld
Bundeskanzleramtschefs im Machtgeflecht von Partei und Fraktion, Kanzler und
Koalition
Ein Vergleich zwischen Friedrich Bohl, Frank-Walter Steinmeier und Thomas de Maizière
ISBN 978-3-8382-0116-0

Göttinger Institut
für Demokratieforschung

Benjamin Seifert

TRÄUME VOM MODERNEN DEUTSCHLAND

Horst Ehmke, Reimut Jochimsen
und die Planung des Politischen in der ersten Regierung
Willy Brandts

ibidem-Verlag
Stuttgart

Bibliografische Information der Deutschen Nationalbibliothek
Die Deutsche Nationalbibliothek verzeichnet diese Publikation in der
Deutschen Nationalbibliografie; detaillierte bibliografische Daten sind im
Internet über http://dnb.d-nb.de abrufbar.

Bibliographic information published by the Deutsche Nationalbibliothek
Die Deutsche Nationalbibliothek lists this publication in the Deutsche Nationalbibliografie;
detailed bibliographic data are available in the Internet at http://dnb.d-nb.de.

Coverabbildung:
Wahlplakat: Wir schaffen das moderne Deutschland. Prof. Dr. Horst Ehmke,
Bundesminister SPD. Quelle: Bundesarchiv, Plak 006-009-009 / Grafiker: o.A.
Drucker / Verlag: AG Wenderoth, Kassel. Abdruck mit freundlicher Genehmigung.

∞

Gedruckt auf alterungsbeständigem, säurefreien Papier
Printed on acid-free paper

ISSN: 2190-2305

ISBN-10: 3-8382-0105-1
ISBN-13: 978-3-8382-0105-4

© *ibidem*-Verlag
Stuttgart 2010

Alle Rechte vorbehalten

Printed in Germany

Eine neue Kultur des Schreibens

Idee

„Göttinger Junge Forschung", unter diesem Titel firmiert eine Publikationsreihe des „Instituts für Demokratieforschung", das am 1. März 2010 an der Georg-August-Universität in Göttingen gegründet worden ist. Ein Ziel dieses Institutes ist die Synthese zwischen Universität *und* Gesellschaft, Politik *und* Wissenschaft, Forschung *und* Öffentlichkeit.

In einem solchen Sinne sind auch die Bände der „Göttinger Jungen Forschung" als Scharnier gedacht. Junge Wissenschaftler können aus der universitären Eigenwelt heraustreten und einer breiteren Öffentlichkeit die Resultate ihrer Forschungen präsentieren. Sie können zeigen, dass sie die Techniken wissenschaftlichen Arbeitens beherrschen – und gleichzeitig zu farbigen und ausdrucksstarken Formulierungen fähig sind. Das mag feuilletonistisch klingen und manchem Kollegen unseriös anmuten. Doch meint die Synthese, wie sie uns vorschwebt und durch die Publikationsreihe promoviert werden soll, nicht zuletzt dies: auf eine manierierte Fachsprache weitestgehend zu verzichten, den exklusiven Sonderjargon zumindest dort zu unterlassen, wo er zur Präzisierung nicht erforderlich ist, und – jedenfalls wo das möglich ist, ohne die Interpretationen übermäßig zu verkürzen oder zu trivialisieren – stattdessen spannend und originell zu formulieren.

Inspiration

Am neu gegründeten „Institut für Demokratieforschung" verankert, steht diese Buchreihe zugleich in der Tradition der „Göttinger Schule" der Politikwissenschaft. Was ist damit gemeint, wodurch zeichnet sich der so titulierte politikwissenschaftliche Ansatz aus? Als in den 1990er Jahren in der Politikwissenschaft die Bezeichnung „Göttinger Schule" aufkam, bezog sich das vor allem auf die Milieustudien der Göttinger Parteienforscher. Unter Rückgriff auf das Milieukonzept war es gelungen, die zeitgenössische Stabilität der bundesrepublikanischen Parlamentsparteien bei Wahlen, die starke Bindung ihrer Sympathisanten, ebenso parteipolitische Feindbilder und grundlegende Überzeugungen vor allem durch die eigenkulturelle Abschottung der Parteien und ihrer Anhänger in parallelgesellschaftlichen Organisationsnetzwerken zu erklären. Die Hochphasen der klar voneinander separierten Milieus mochten zum Zeitpunkt der Betrachtung weit zurückliegen, die Ideologien und Mythen längst verblasst sein, die alten Feste und Bräuche allenfalls noch erinnert, nicht aber mehr demonstrativ gepflegt werden – vielfach modifiziert, transformiert und dem Gesellschaftswandel angepasst, besaßen emotionale Milieuresiduen trotzdem immer noch Erklärungskraft für die Analyse regionaler Wählerhochburgen sowie zur Untersuchung beispielsweise der Besonderheiten des sozialstrukturellen Profils der Parteimitglieder wie auch des politischen Selbstverständnisses der Parteianhänger.

Die wegweisenden Analysen zu den Milieus korrespondierten mit bestimmten Forschungsschwerpunkten, die bis heute unverändert im Fokus der Göttinger Politikwissenschaft stehen. Milieus siedeln im Schnittfeld verschiedener Ursachen, Einflüsse und Wirkungen. Wer auf sie sein Augenmerk richtet, der kommt an Parteien nicht vorbei, den, nach der klassischen Formulierung von M. Rainer Lepsius, „politischen Aktionsausschüssen"[1] der Milieus. Auch Fragen der politischen Kultur sind schnell bei der Hand, wo erklärt werden muss, warum die eine Gesellschaft organisatorisch gestützte, sämtliche Lebensbereiche umfassende Vergemeinschaftungen hervorbringt, die andere dagegen nicht; oder weshalb manche Bevölkerungsgruppen eine Affinität zur Selbstausgrenzung in einer introvertierten Separatkultur zeigen, die anderen fremd ist.

Und insofern Milieus nicht von selbst, gleichsam voraussetzungslos und aus dem Nichts heraus, entstehen, sondern Ergebnisse bewussten Organisationshandelns sind, liegen auch Untersuchungen zu politischer Führung nahe, wenn von Milieus die Rede ist. Politische Anführer agieren nicht im luftleeren Raum, sie sind in institutionelle Strukturen und kulturelle Kontexte eingebun-

---

[1] Lepsius, M. Rainer: Parteiensystem und Sozialstruktur. Zum Problem der Demokratisierung der deutschen Gesellschaft, in: ders.: Demokratie in Deutschland, Göttingen 1993, S.25-50, hier: S.37.

den und können – wie im 19. Jahrhundert bereits Otto von Bismarck wusste – den Strom der Zeit nicht schaffen, sondern allenfalls auf ihm steuern. Doch immer dann, wenn sich der gesellschaftliche Wandel beschleunigt, wenn lange Bewährtes überständig und vermeintliche Sicherheiten brüchig werden, dort also, wo sich die berühmten Gelegenheitsfenster öffnen – in diesen Momenten kommt es dann doch auf die individuellen Fähigkeiten der politischen Führungspersonen an, da vermögen der Instinkt und die Weitsicht, die Chuzpe, Entschlusskraft und das Verhandlungsgeschick, kurz: der Machtwille und die politische Tatkraft Einzelner den Geschichtsfluss umzuleiten und neue Realitäten zu schaffen.

Obwohl nun die Göttinger Politikwissenschaft in den vergangenen Jahren sukzessive ihr Blickfeld erweitert und immer weitere Dimensionen in ihre Analysen integriert hat, bilden die alten Kernbereiche unverändert das Zentrum der Göttinger Forschungen. Thematisch werden die in diese Reihe aufgenommenen Arbeiten daher um folgende Untersuchungsgebiete kreisen: An Fallbeispielen werden Möglichkeiten und Grenzen, biographische Hintergründe und Erfolgsindikatoren politischer Führung untersucht. Kulturelle Phänomene, beispielsweise die Gestalt und Wirkung gesellschaftlicher Generationen, werden ebenso Thema sein wie auch klassische Organisationsstudien aus dem Bereich der Parteien- und Verbändeforschung.

Sprache

Gleichwohl: Seit einiger Zeit wird die Bezeichnung „Göttinger Schule" breiter verwendet, als ihr Kennzeichen gilt heute nicht mehr die Beschäftigung mit Milieus oder spezifischen, klar abgrenzbaren Inhalten an sich, sondern allgemeiner ein spezifischer Darstellungsstil, der Forschungsergebnisse für ein interessiertes, fachfremdes Publikum aufarbeitet und die Vermittlung der akademischen Erkenntnisse weit über die engen Grenzen der eigenen Disziplin in die Öffentlichkeit hinein anstrebt. Die „Göttinger Schule" steht für die Lust an der öffentlichen Einmischung und den Verzicht auf akademische Wortungetüme. Dabei bedeutet der eher lockere, essayistische Stil nicht, dass die Texte rasch oder unbedacht heruntergeschrieben würden. Eher im Gegenteil: Sozialwissenschaftliche Phänomene spannend darzustellen ist harte Arbeit. Man muss sich hinsetzen, die Gedanken in fesselnde Sätze verwandeln, die Sinn ergeben, welche zudem der Komplexität des untersuchten Gegenstandes gerecht werden und den Leser dennoch zum Umblättern veranlassen. Um Barbara Tuchman zu zitieren: „Das ist mühselig, langsam, oft schmerzlich und manchmal eine Qual. Es bedeutet ändern, überarbeiten, erweitern, kürzen, umschreiben."[2]

Diese Ausdrucksweise zu fördern, und in Anbetracht des dominanten Präsentationsstiles der zeitgenössischen Sozialwissenschaften könnte man etwas hochtrabend auch von einer neuen „Kultur des Schreibens" sprechen, ist ein zentrales Anliegen der vorliegenden Buchreihe. Schreiben, davon sind wir überzeugt, lernt man nur durch die Praxis des Schreibens. Praxis des Schreibens heißt aber Veröffentlichung, und die Möglichkeit zu einer frühen Publikation und gleichzeitig zu einem frühzeitigen Training sowie Nachweis der eigenen Vermittlungskompetenz soll mit der Reihe „Göttinger Junge Forschung" geboten werden.

Es liegt nun nahe, dieses Ziel, eine neue Kultur des Schreibens herauszubilden, nicht kurzfristig anzustreben. Ebenso offensichtlich wird die bloße Absichtsbekundung, verständlichere und lesbarere Texte zu verfassen und sich verstärkt in die öffentlichen Diskurse einzumischen, zunächst einmal wenig bewirken. Perspektivisch wird es vielmehr darum gehen müssen, eine neue Generation von Politik- und Sozialwissenschaftlern zu begründen, deren Talente zu Vermittlung und Transfer ihrer Forschungsresultate, zum melodiösen Schreiben wie auch zu wirkungsvoller öffentlicher Intervention von Anfang an während des Studiums weiterzuentwickeln sind. In diesem Sinne hat die Buchreihe die Funktion, vorhandene Begabungen im Umfeld des Göttinger „Instituts für Demokratieforschung" durch die reizvolle Offerte einer frühzeitigen Publikation gezielt zu – horribile dictu – fördern und fordern.

---

[2] Tuchman, Barbara: In Geschichte denken, Frankfurt a.M. 1984, S.27.

Offenheit

Kreativ schreiben aber kann nur, wer beizeiten seine Gedanken schweifen lässt. Die neue Kultur des Schreibens verträgt sich daher nicht mit der Neigung zu starrer Kategorienbildung, der Glättung realer Widersprüche in konstruierten Systemen und scheinexaktem Schubladendenken, wie sie in den Sozialwissenschaften verbreitet sind. Die Autoren dieser Reihe arbeiten daher mit methodisch sehr viel offeneren Verfahren, die als „dichte Beschreibung" oder „aufmerksame Beobachtung" apostrophiert werden können. Die aufmerksame Beobachtung gleicht einer Entdeckungsreise in unbekannte Erkenntnisfelder. Es wird aufzunehmen, festzuhalten und zu berücksichtigen versucht, was in einer konkreten Handlungssituation geschieht. Der Fluchtpunkt ist das Aufspüren und Sichtbarmachen von möglichen Zusammenhängen. Kann die aufmerksame Beobachtung insofern mit einem Weitwinkelobjektiv verglichen werden, so ist die dichte Beschreibung der Zoom. Alles das, was für die gewählte Fragestellung entbehrlich ist, wird herausgefiltert und der Rest zu einer fesselnden Erzählung komponiert. Mithilfe von Faktenkenntnis, Einfühlungsvermögen und Vorstellungskraft werden die Zusammenhänge und Bedeutungen hinter den Details sichtbar gemacht, durch die Konzentration auf das Wesentliche und die scharfe erzählerische Konturierung zunächst verschwimmender Linien die Leser in den Bann geschlagen.

In diesem Sinne setzen die Autoren der Reihe „Göttinger Junge Forschung" auf die Integration ganz unterschiedlicher Aspekte, Sichtweisen und Methoden, um das für komplexe Probleme charakteristische Zusammenspiel multipler Faktoren analysieren und die internen Prozesse eines Systems – die sogenannte "black box" – verstehen zu können. Menschliches Handeln ist häufig unlogisch, politische Entscheidungen entspringen nicht selten Zufällen. Der Gefahr, Nuancen einzuebnen und Geradlinigkeit zu behaupten, wo tatsächlich Unebenheiten dominieren, kann man nur durch forschungspragmatische Offenheit entgehen. Einer interessanten, anregenden, inspirierenden Darstellung und also dem Genuss bei der Lektüre kommt das ohnehin zugute.

Matthias Micus

Göttingen, im April 2010

Inhalt

I. Einleitung

„Wir brauchen neue Formen sowohl der Kontrolle als auch der Entwicklung und Durchsetzung von politischen Zielen, wenn wir eine zukunftsbezogene Politik betreiben wollen."[1] Mit dieser Ansicht stand Ralf Dahrendorf zu Beginn des Jahres 1969 nicht alleine da. Im Gegenteil sollte dem Topos, den er hier in knappen Worten umschrieb, in der kommenden Regierung unter Bundeskanzler Willy Brandt ein besonderer Stellenwert zukommen. Planung war auch hier der „große Zug der Zeit"[2]. Unter Brandts Kanzleramtschef Horst Ehmke und dem Leiter der neu geschaffenen Planungsabteilung, Reimut Jochimsen, wurden politische Planung als zentrales Element auf Regierungsebene verankert und die Reichweite der planerischen Maßnahmen ausgebaut. Die Konzepte und Mechanismen des propagierten Systems wurden anfangs sogar so euphorisch bewertet und beworben, dass der Zeitraum zwischen 1969 und 1972 rückblickend häufig mit dem Begriff der Planungseuphorie versehen wird. Politische Planung wurde zu einem universellen Instrument erhoben, mit dem sich, im Verständnis der sozialliberalen Planer, alle Aspekte des gesellschaftlichen, wirtschaftlichen und politischen Lebens gestalten und optimieren ließen. Planung als Überbegriff für Techniken der Prognose, vorwegnehmende Koordination, langfristige Steuerung und wissenschaftliche Expertise sollte die Möglichkeiten des Handelns steigern und somit auch die Anzahl der möglichen Ziele vergrößern.[3] Prominente Beispiele für Bereiche, in denen politische Planung ihre ganze Wirkungsmacht entfaltete, waren die Wirtschafts- und die Bildungspolitik, aber eben auch der Versuch, die Bonner Regierungszentrale zum modernen Regieren zu befähigen.

---

[1]   Vgl. aus einem Vortrag Ralf Dahrendorfs auf einer Tagung des Deutschen Beamtenbundes vom 9.-12.1.1969, zitiert nach: Bebermeyer, Hartmut, Regieren ohne Management? Planung als Führungsinstrument moderner Regierungsarbeit, Stuttgart 1974, S.88.

[2]   Vgl. Kaiser, Joseph H., Vorwort, in: Ders. (Hrsg.), Planung I, Recht und Politik der Planung in Wirtschaft und Gesellschaft, Baden-Baden 1965, S.7-9, hier: S.7.

[3]   Vgl. Scharpf, Fritz W., Planung als politischer Prozess, in: Schäfers, Bernhard (Hrsg.), Gesellschaftliche Planung, Materialien zur Planungsdiskussion in der BRD, Stuttgart 1973, S.169-201, hier: S.171.

Das Schlagwort „politische Planung" wurde nicht erst mit der sozialliberalen Koalition zu einem Begriff, mit dem man automatisch auch Aspekte wie
Modernisierung und politisches Management verband. Bereits zu Beginn der
langen sechziger Jahre[4] war der Begriff der Planung salon-, wenn auch noch
nicht regierungsfähig geworden. Zu sehr hafteten ihm der Makel der sozialistischen Regulierungswut, die in der westdeutschen Wahrnehmung alle Bereiche
des Lebens in Fünf-Jahres-Pläne zu pressen schien, oder des nationalsozialisti-
schen Staatsdirigismus an.[5] Doch trotz dieser weit gestreuten Vorbehalte entwickelte sich seit Beginn der sechziger Jahre ein breiter Diskurs über die Frage, was moderne Politik zu leisten vermochte und wie man das existierende
System zukunftsfähig umgestalten könnte. In diesem Diskurs nahmen Aspekte
wie Rationalität und Wissenschaftlichkeit einen breiten Raum ein.

Die Erfolgsgeschichte der politischen Planung begann in den sechziger
Jahren als Antwort auf die zunehmend komplexer werdenden Anforderungen
an die Politik. Krisenhafte Erscheinungen führten, zunächst auf dem Feld der
Wirtschaftspolitik, dazu, dass nach neuen Instrumentarien zur Krisenüberwin-
dung und -prävention gesucht wurde. Ihren ersten deutlichen Ausdruck fand
diese Entwicklung in der von Karl Schiller propagierten Wirtschaftspolitik, deren offensichtlicher Erfolg die Akzeptanz von politischer Planung weiter stei-
gerte. Den Gipfel ihrer Zustimmung erreichten politische Planungskonzeptionen mit dem Machtwechsel von 1969 und der Kanzlerschaft Willy Brandts.
Mit Bildung der sozialliberalen Koalition wurde eine grundlegende Neubewertung von politischer Planung deutlich. War sie zuvor noch ein Instrument zur
Krisenbekämpfung gewesen, kam ihr nun eine integrale Rolle im Reformkon-
zept der neuen Regierung zu. Der Versuch, eine ressortübergreifende Planung

---

[4] Im Folgenden bezeichnet der Begriff der langen sechziger Jahre den Zeitraum zwischen circa
1957 bis zur konjunkturellen Krise 1973, was einem weitgehenden Konsens in der aktuellen
zeithistorischen Forschung entspricht. Siehe hierzu: Wolfrum, Edgar, Die geglückte Demokratie, Geschichte der Bundesrepublik Deutschland von ihren Anfängen bis zur Gegenwart,
Stuttgart 2006, S.187-190; sowie Bracher, Karl Dietrich, Die Bewährung der Zweiten Republik (Einleitender Essay), in: Hildebrand, Klaus, Von Erhard zur Großen Koalition: 1963-
1969, Wiesbaden 1984, S. 7-16, hier S. 7.

[5] Vgl. Doering-Manteuffel, Anselm, Ordnung jenseits der politischen Systeme: Planung im 20.
Jahrhundert, in: Geschichte und Gesellschaft, Zeitschrift für Historische Sozialwissenschaft,
Band 34/2008, Heft 3, S.398-406, hier: S.404.

im Bundeskanzleramt zu implementieren, markierte dabei den Höhe- und Scheitelpunkt der Entwicklung des Planungsdenkens in der Bundesrepublik.

Die skizzierten Entwicklungen zeigen, dass das Instrumentarium der politischen Planung unter der ersten Regierung Willy Brandts nicht neu erfunden wurde. Aber mit welcher Zielsetzung wurde politische Planung in der Zeit zwischen 1969 und 1972 konzipiert? Welche Rolle spielten dabei die vorangegangenen Planungsdiskurse? Diesen Fragen soll mit besonderem Fokus auf das Bundeskanzleramt und am Beispiel der theoretischen und praktischen Arbeit des Kanzleramtschefs Horst Ehmke und des Leiters der Planungsabteilung Reimut Jochimsen nachgegangen werden. Genannten Personen kam eine entscheidende Bedeutung bei der Konzeption von politischer Planung, ihrer Umsetzung und Vermittlung zu. Aus diesem Grund erscheint ein Ansatz, der ihre Anschauungen und Handlungen in den Mittelpunkt stellt, als fruchtbar. Um die von ihnen verfolgte Konzeption von politischer Planung deutlich zu machen, sollen die angestrebten und teilweise umgesetzten organisatorischen Veränderungen im Bundeskanzleramt genauer betrachtet werden. Dabei wird politische Planung, die in den Ministerien angesiedelt war, wie beispielsweise im Bundesministerium der Verteidigung oder im Finanzministerium, nur so weit einfließen, wie sie für das Verständnis des zentralen Interesses von Nöten ist. Es soll folglich nicht der Anspruch verfolgt werden, sämtliche Reformprojekte im Untersuchungszeitraum und ihre gesetzgeberischen Konsequenzen auf ihre Bedeutung für das Interessensgebiet hin zu untersuchen.

Da Horst Ehmke und Reimut Jochimsen die profiliertesten Vertreter einer planvollen Politik in der ersten Regierung Brandt darstellten, lohnt ein Blick auf die jeweiligen Lebensläufe. Dabei wird eine starke Ähnlichkeit beider Biographien deutlich. Im Rahmen dieser Arbeit liefert dieser Umstand wichtige Erklärungsansätze für das Verständnis von und die Erwartungshaltung gegenüber politischer Planung, lässt er doch eine ähnliche wissenschaftliche und politische Prägung vermuten.

Beide Personen waren Kinder aus bürgerlichem Haus, die nach 1945 zunächst die wissenschaftliche Karriere der politischen vorzogen. Beide absolvierten in den fünfziger Jahren ein Hochschulstudium in den USA und schafften es, nach ihrer Rückkehr erfolgreich im akademischen Betrieb Fuß zu fassen. Der promovierte Jurist Horst Ehmke folgte 1960 einem Ruf an die Universität Freiburg. Bundesweite Bekanntheit erlangte er schließlich durch seine Rolle in der Spiegel-Affäre, in der er den Journalisten Conrad Ahlers vor Gericht vertrat. 1967 ebnete ihm sicherlich auch diese Bekanntheit den Weg in die Politik. Mit der Übernahme des Amtes eines beamteten Staatssekretärs im Bundesjustizministerium betrat Horst Ehmke, zu diesem Zeitpunkt schon seit 20 Jahren SPD-Mitglied, die politische Bühne und beendete gleichzeitig die Universitätslaufbahn. Als sein erster Mentor, Justizminister Gustav Heinemann, im Jahr 1969 zum Bundespräsidenten gewählt wurde, wurde Ehmke sein Nachfolger; Willy Brandt, sein zweiter Mentor, machte ihn noch im selben Jahr und gegen offene Widerstände zu seinem Kanzleramtschef.[6] Mit der Berufung Reimut Jochimsens zum Chef seiner Planungsabteilung holte sich Ehmke einen alten Studienfreund in sein direktes Umfeld. Jochimsen, zu diesem Zeitpunkt Professor und Dekan der Rechts- und Staatswissenschaftlichen Fakultät der Universität Kiel, war 1965 in die SPD eingetreten. Das ihm im Jahr 1969 angebotene Amt des Rektors der Universität lehnte er zu Gunsten seiner neuen Tätigkeit in Bonn ab. Nun sollte er nach dem Willen Ehmkes mit seiner wissenschaftlichen Expertise das ehrgeizige Projekt einer politischen Generalplanung voranbringen.[7]

Die skizzierten Vitae erlauben eine Zuordnung Horst Ehmkes und Reimut Jochimsens zu einer bestimmten Gruppe oder Kohorte in der deutschen Nachkriegsgeschichte. Horst Ehmke steht als Angehöriger des Geburtsjahrgangs 1927 stellvertretend für ein Mitglied der „Flakhelfergeneration" oder, in der in den letzten Jahren geläufiger gewordenen Formulierung, der „45er-Generation"[8]. Dieser Alterskohorte wird in der neueren zeitgeschichtlichen Forschung ein besonderer Stellenwert im Transformationsprozess der Bundesrepublik in den sechziger Jahren zugeschrieben. In den fünfziger Jahren noch

---

[6]   Vgl. Walter, Franz, Charismatiker und Effizienzen: Porträts aus 60 Jahren Bundesrepublik, Frankfurt am Main 2009, S.123.
[7]   Vgl. Heilmann, Ullrich/Simonis, Udo E., Vorwort, in: Dies. (Hrsg.), Ökonomie für die Politik – Politik für die Ökonomie, Ausgewählte Schriften von Reimut Jochimsen, Berlin 2003, S.7-15, hier: S.8.
[8]   Vgl. Moses, Dirk, Die 45er. Eine Generation zwischen Faschismus und Demokratie, In: Neue Sammlung Bd. 40/2000, S. 233-267.

mit dem Signum der „skeptischen Generation"[9] belegt, die in ihrer Haltung grundlegend apolitisch sei, wird ihre Bedeutung gerade für den politischen Liberalisierungsprozess in der Bundesrepublik inzwischen anders bewertet. Das direkte Erleben der Nazi-Ideologie und ihres Scheiterns habe bei Vertretern dieser Gruppe vielmehr zu einer Ablehnung sämtlicher Extreme und zu einer Rationalisierung des politischen Denkens geführt. Der Historiker Dirk Moses weist in diesem Zusammenhang auf den starken Bezug dieses Personenkreises zu westlichen Vorstellungen und Idealen hin, wodurch die Bundesrepublik nachhaltig geprägt worden sei.[10] Die für diese Arbeit zweite zentrale Person, Reimut Jochimsen, wurde 1933 geboren. Auch wenn er nicht mehr direkt in die oben angesprochene generationelle Verortung zu passen scheint, steht er doch für einen bestimmten Typus des wissenschaftlichen Experten, der sich von früheren Regierungsberatern und Mitarbeitern unterschied. So kann im Laufe der sechziger Jahre eine wachsende Zahl von wirtschafts- und sozialwissenschaftlich geschultem Personal nachgewiesen werden, das zunehmend die höheren Laufbahnen des öffentlichen Dienstes einschlug. Dieser Personenkreis begann dabei, am Monopol der Juristen auf solche Karrieren zu rütteln. Gerade Wirtschaftswissenschaftler waren angesichts der zunehmenden Komplexität in diesem Politikfeld dazu prädestiniert, ihre theoretischen Kenntnisse auch in der Praxis zur Anwendung zu bringen.[11] Bei Jochimsen wird diese Berufung in seinen Vorarbeiten auf dem Feld der Infrastrukturpolitik und Regionalplanung deutlich, deren Methoden und Erkenntnisse eine entscheidende Bedeutung für die Konzeption von politischer Planung nach 1969 spielten.[12]

---

[9] Vgl. Schelsky, Helmut, Die skeptische Generation. Eine Soziologie der deutschen Jugend. Düsseldorf/Köln 1957.
[10] Vgl. Moses, Dirk, Das Pathos der Nüchternheit, Die Rolle der 45er-Generation im Prozess der Liberalisierung der Bundesrepublik, in: Frankfurter Rundschau vom 02.07.2002.
[11] Vgl. Nützenadel, Alexander, Stunde der Ökonomen, Wissenschaft, Politik und Expertenkultur in der Bundesrepublik 1949-1974, Göttingen 2005, S. 123-125.
[12] Vgl. Metzler, Gabriele, Konzeptionen politischen Handelns von Adenauer bis Brandt, Politische Planung in der pluralistischen Gesellschaft, Paderborn 2008, S.311.

Quellenmaterial, Forschungsstand und Literatur

Als Quellen für diese Arbeit wurden das Depositum von Horst Ehmke und der Nachlass von Reimut Jochimsen im Archiv der Sozialen Demokratie der Friedrich-Ebert-Stiftung in Bonn für den Untersuchungszeitraum herangezogen. Über die Person Horst Ehmkes existiert darüber hinaus eine Sammlung im Archiv beim SPD-Parteivorstand im Willy-Brandt-Haus in Berlin, die ebenfalls Eingang in die vorliegende Arbeit gefunden hat. Einen besonderen Schwerpunkt nehmen dabei Aufsätze, Zeitungsartikel und andere Publikationen ein, die von Horst Ehmke und Reimut Jochimsen zum Themenfeld der politischen Planung verfasst wurden. Hinzu kommen ausgewählte Publikationen der Bundesregierung sowie zeitgenössische Pressepublikationen. Von Horst Ehmke wurde des Weiteren vor einigen Jahren eine Autobiographie vorgelegt.[13] Für die Aktivitäten der Planungsabteilung des Bundeskanzleramtes im Untersuchungszeitraum ist zudem das publizistische Werk Hartmut Bebermeyers zu erwähnen. Basierend auf seinen persönlichen Erfahrungen als Mitglied der Abteilung liefert Bebermeyer eine detaillierte Darstellung der internen Vorgänge zwischen 1969 und 1972. Hierbei ist insbesondere die Bewertung der unterschiedlichen planerischen Maßnahmen von einem Mitglied der Planungsabteilung, das wegen seines eigenen politischen Werdeganges der neuen Amtsleitung nach 1969 nicht unbedingt vorbehaltlos gegenüberstand, von Interesse.[14]

Die politische und gesellschaftliche Kultur der fünfziger und sechziger Jahre ist in jüngster Zeit zunehmend in den Fokus der zeithistorischen Forschung gerückt, was auch an der verhältnismäßig großen Anzahl von Publikationen neueren Datums zu diesem Thema deutlich wird. Hervorzuheben sind hier zwei Sammelbände, zum einem der von Matthias Frese, Julia Paulus und Karl Teppe herausgegebene Band „Demokratisierung und Gesellschaftlicher Aufbruch. Die sechziger Jahre als Wendezeit der Bundesrepublik", zum anderen das von Axel Schild, Detlef Siegfried und Karl Christian herausgegebene

---

[13] Vgl. Ehmke, Horst, Mittendrin, Von der Großen Koalition zur Deutschen Einheit, Berlin 1994.

[14] Vgl. Bebermeyer, Hartmut, Regieren ohne Management?, Planung als Führungsinstrument moderner Regierungsarbeit, Stuttgart 1974.

Werk „Dynamische Zeiten. Die sechziger Jahre in den beiden deutschen Gesellschaften".[15] Im Zuge dieser Wiederentdeckung der sechziger Jahre als Auf-
bruchsjahrzehnt der Bundesrepublik und einer intensiven Beschäftigung mit
der vorherrschenden politischen Kultur ist das Themenfeld der politischen Planung ebenfalls Gegenstand der Forschung geworden. So liefert im erstgenannten Werk besonders das Kapitel zu „Planung als Reformprinzip" eine breite
Übersicht zu Planungsbemühungen im Zuge der langen sechziger Jahre. In
diesem beschäftigt sich Winfried Süß mit dem Versuch, eine ressortübergreifende Planung nach 1969 im Regierungssystem zu implementieren. Gerade
hinsichtlich seiner starken Fokussierung auf die institutionelle und technische
Umsetzung war dieser Beitrag für das Entstehen des vorliegenden Buches hilf-
reich, erleichterte er doch den Zugang zum komplexen Institutionengefüge der
Bonner Regierungszentrale.[16] Im zweiten genannten Sammelband liefert Michael Ruck eine Darstellung der westdeutschen Planungsgeschichte in den langen sechziger Jahren, indem er einen Bogen von der anfänglichen Aversion
gegen übereifrige staatliche Planung über die Phase der Planungseuphorie bis
hin zum definitiven Scheitern der holistischen Entwürfe in der zweiten Hälfte
der siebziger Jahre schlägt. Bei seiner Überblicksdarstellung werden dabei vor
allem die Kontinuitäten und Vorbilder in den westdeutschen Planungskonzeptionen hervorgehoben.[17] Ein ähnliches Untersuchungsfeld wird auch von Gabriele Metzler in ihrer Habilitationsschrift „Konzeptionen politischen Handels
von Adenauer bis Brandt, Politische Planung in der pluralistischen Gesellschaft"[18] bearbeitet, das neben ihren zahlreichen Publikationen zu verwandten
Themengebieten besonders hervorzuheben ist. Die Autorin zeichnet darin die

[15]   Vgl. Frese, Matthias/Paulus, Julia/Teppe, Karl (Hrsg.), Demokratisierung und gesellschaftlicher
        Aufbruch. Die sechziger Jahre als Wendezeit der Bundesrepublik, Paderborn 2003; sowie
        Schildt, Axel/Siegfried, Detlef (Hrsg.), Dynamische Zeiten, Die 60er Jahre in den beiden deut-
        schen Gesellschaften, Hamburg 2003.
[16]   Vgl. Süß, Winfried, „Wer aber denkt für das Ganze?" Aufstieg und Fall der ressortübergrei-
        fenden Planung im Bundeskanzleramt, in: Frese/Paulus/Teppe, Demokratisierung und gesell-
        schaftlicher Aufbruch, ebd., S. 349-377.
[17]   Vgl. Ruck, Michael, Ein kurzer Sommer der konkreten Utopie – Zur westdeutschen Pla-
        nungsgeschichte der langen 60er Jahre, in: Schildt/Siegfried, Dynamische Zeiten, ebd.,
        S.362-401.
[18]   Vgl. Metzler, Gabriele, Konzeptionen politischen Handelns von Adenauer bis Brandt, Politi-
        sche Planung in der pluralistischen Gesellschaft, Paderborn 2008.

grundlegenden Veränderungen im Staats- und Politikverständnis vom Beginn
der fünfziger bis zu den frühen siebziger Jahren im großen Bogen auf. Auf diese Weise gelingt es ihr, die Geisteshaltung der verschiedenen Protagonisten im
Bereich der politischen Planung in einen historischen Gesamtkontext einzu-
ordnen. Neben den genannten aktuellen Publikationen, die sich mit Entwicklungen in den langen sechziger Jahren auseinandersetzen, illustrieren vor allem
zeitgenössische Beiträge den vorherrschenden Zeitgeist. Hier sind das von Robert Jungk und Hans Josef Mundt herausgegebene Buch „Der Griff nach der
Zukunft: Planen und Freiheit", sowie die sechsbändige Reihe von Joseph Kaiser „Planung I-VI" zu nennen.[19]

Gliederung und Aufbau des Buches

Das Buch gliedert sich thematisch in drei Abschnitte. In einem ersten Schritt
wird auf die diskursive Anbahnung und den darauf folgenden Durchbruch des
Konzeptes der politischen Planung im Laufe der sechziger Jahre eingegangen.
Auf Grund der relativen Breite des geführten Diskurses sollen einzelne Dis-
kussions- und Argumentationsstränge herausgegriffen werden, die als beispielhaft und prägend für den gesamten Diskurs identifiziert wurden. Neben
dieser überwiegend wissenschaftlichen Diskussion wird die erste Implementierung von politischer Planung auf Bundesregierungsebene am Beispiel der wirtschaftspolitischen Konzeption Karl Schillers und der Einrichtung eines Pla-
nungsstabs im Bundeskanzleramt in der zweiten Hälfte der sechziger Jahre betrachtet. In einem zweiten Schritt werden die theoretische Konzeption von politischer Planung und die Bewertung ihrer Möglichkeiten und Risiken durch
Horst Ehmke und Reimut Jochimsen dargestellt. Hierbei soll vor allem untersucht werden, inwieweit sich die zeitgenössische Planungsdiskussion auf die
Vorstellungen der beiden zentralen Akteure ausgewirkt hat. Ein Zwischenfazit
umklammert diese beiden ersten Schritte schließlich inhaltlich. Im dritten und
zentralen Abschnitt geht es um die konkrete Umsetzung und Konzeption von
politischer Planung im Bundeskanzleramt, wie sie maßgeblich durch Horst

---

[19]   Vgl. Jungk, Robert/Mundt, Hans Josef (Hrsg.), Modelle für eine neue Welt I, Der Griff nach der
         Zukunft: Planen und Freiheit, München 1964; sowie Kaiser, Joseph H. (Hrsg.), Planung, Bd.1-6,
         Baden-Baden 1965-1972.

Ehmke und Reimut Jochimsen in der ersten Regierung Brandt betrieben wurde. In chronologischer Aufschlüsselung sollen die verfolgten Maßnahmen in diesem Zeitraum in Verbindung mit den Ansprüchen an politische Planung und ihrer jeweiligen Zielsetzung betrachtet werden.

II. Zeitgeist: Das Jahrzehnt der Planbarkeit und Machbarkeit

Die sechziger Jahre zählen zweifellos zu einem der prägendsten Kapitel der bundesrepublikanischen Geschichte. Rückblickend mit dem Schlagwort einer „Gesellschaft im Aufbruch"[20] versehen, ballten sich in diesem Zeitraum Liberalisierungs- und Modernisierungstendenzen in Staat, Wirtschaft und Gesellschaft. Ähnlich wie in anderen westlichen Industrienationen manifestierte sich in dieser Dekade auch in Westdeutschland der allmähliche Übergang zu einer modernen Konsumgesellschaft. Die Schaffung neuer Arbeitsplätze für Angestellte und die Expansion des Beamtenapparates, beides Entwicklungen, die wiederum den Nachkommen einer breiten Schicht von Arbeitern den sozialen Aufstieg ermöglichte, können hierfür beispielhaft genannt werden. Neue Ausbildungsmöglichkeiten gestatteten bis dato ungelernten Arbeitern die Erlangung eines gewissen materiellen Wohlstands, der sich in neuen Formen der eigenen Lebensführung, des Konsums und der Werteorientierung niederschlug. Dieser grundlegende soziale Wandel fand seinen Ausdruck im allmählichen Auflösen der alten Arbeiterkulturen und der zunehmenden Verwischung von Grenzen zwischen Milieus und Schichten. Viele dieser Veränderungen hatten sich bereits in den fünfziger Jahren angebahnt, steigerten sich aber in ihrer Intensität als Teil eines grundlegenden Liberalisierungsprozesses – während der sechziger Jahre. Auch auf der weltpolitischen Bühne zeichnete sich zu Beginn der Dekade, nach dem Bau der Berliner Mauer 1961 und der abgewendeten Eskalation des anhaltenden Kalten Krieges im Zuge der Kuba-Krise, eine Entspannung zwischen den USA und der Sowjetunion ab.[21] Diese Entwicklung sollte für den westdeutschen Teilstaat auch innenpolitisch von herausragender

---

[20] Vgl. Korte, Hermann, Gesellschaft im Aufbruch, Die Bundesrepublik in den sechziger Jahren, Frankfurt am Main 1987.

[21] Vgl. Schönhoven, Klaus, Wendejahre, Die Sozialdemokratie in der Zeit der Großen Koalition 1966-1969, Bonn 2004, S.16-20.

Bedeutung sein, eröffnete sie doch, zunächst gedanklich, die Möglichkeit einer Entspannung in den deutsch-deutschen Beziehungen.

Ein weiterer Aspekt, der die langen sechziger Jahre nachhaltig prägte, war ein rasanter technischer Fortschritt, der seinen Beitrag zur Veränderung des gesellschaftlichen Selbstverständnisses und zum Wandel der individuellen Denkweise leistete. Hier kann beispielhaft die um sich greifende Atomeuphorie genannt werden, die ihre Kraft aus der grundlegenden Neubewertung der Möglichkeiten einer zivilen Nutzung der Kernenergie zog. Kernenergie stand symbolisch für den technischen Fortschritt und die damit verbundenen Möglichkeiten und Hoffnungen. Die Erschließung solch neuer Technologien, aber auch Entwicklungen wie die zunehmende Automatisierung der Industrieproduktion, übten sowohl einen starken Einfluss auf die Mentalität der Menschen als auch auf die Wissenschaft aus. Der Höhepunkt der Zukunftsforschung als einer sozialwissenschaftlichen Teildisziplin ist eng mit dem rasanten technischen Fortschritt verbunden.[22]

Die Gesamtheit der beschriebenen Entwicklungen war nicht zum unerheblichen Teil Ursache für ein sich veränderndes Befinden breiter bundesdeutscher Bevölkerungsschichten. An Stelle der Entbehrungen der Nachkriegszeit und basierend auf den Errungenschaften der fünfziger Jahre trat ein neues, von einem fast ungebrochenen Zukunftsoptimismus getragenes Lebensgefühl.[23] Alles schien machbar. Machbarkeit wurde zu einem Prinzip des gesellschaftlichen und politischen Handelns erhoben, dem gerade in Deutschland vor dem Hintergrund des Wirtschaftswunders und der erfolgreichen internationalen Konsolidierung ein besonderer Stellenwert zukam. Hatten in der direkten Nachkriegszeit und während des Wiederaufbaus die Überwindung aktueller Probleme und Krisen im Vordergrund gestanden, rückte nun die Gestaltbarkeit der Zukunft in den Blickpunkt. So war mit dem Begriff der Machbarkeit stets

---

[22] Vgl. zur Bedeutung der Kernenergie als Chiffre des technischen Fortschritts: Ruck, Michael, Westdeutsche Planungsdiskurse und Planungspraxis der 1960er Jahre im internationalen Kontext, in: Haupt, Heinz Gerhard/Requate, Jörg (Hrsg.) Aufbruch in die Zukunft, Die 1960er Jahre zwischen Planungseuphorie und kulturellem Wandel. DDR, CSSR und Bundesrepublik Deutschland im Vergleich, Weilerwist 2004, S.289-325, hier: S.293; sowie Metzler, Gabriele, Am Ende aller Krisen? Politisches Denken und Handeln in der Bundesrepublik der sechziger Jahre, in: Historische Zeitschrift, Band 275/2002, S.57-103, hier: S.66f.

[23] Vgl. Wolfrum, Edgar, Die geglückte Demokratie, ebd., S.187f.

die Vorstellung verknüpft, dass alles, was machbar war, zwangsläufig auch planbar sei. Diese Geisteshaltung wurde besonders von den Sozialwissenschaften befördert, die ab Ende der fünfziger Jahre vermehrt in die öffentliche Diskussion drängten. Mit der besonderen Betonung von Rationalität und der Prognostizierbarkeit der Zukunft übten sie einen starken Einfluss auf die Politik aus und verhalfen so der Wissenschaft – und in ihrem Gefolge auch dem Komplex der politischen Planung – zum definitiven Durchbruch in die politische Sphäre. Auch rationale Politik erschien nun machbar.[24] Politische Planung wurde zu einem Modell, in dem sich die Ansprüche an eine moderne und eben rationale Politik bündelten. Durch Planung sollten die Zukunft schon in der Gegenwart gestaltet und mögliche Probleme und Krisen von vorneherein vermieden werden. Der Begriff der Planung war folglich untrennbar mit dem Begriff der Modernisierung verbunden.[25]

Vor dem Hintergrund der beschriebenen Entwicklungen werden in diesem ersten Kapitel zunächst die Anfänge des Planungsdiskurses in der Bundesrepublik und die diskursive Anbahnung der ersten konkreten politischen Umsetzung auf Bundesebene beleuchtet. In einem zweiten Schritt soll an Hand der wirtschaftspolitischen Konzeptionen Karl Schillers und der Einrichtung eines Planungsstabes im Bundeskanzleramt genauer auf diesen faktischen Einzug des Planungsdenkens in die Bundespolitik eingegangen werden.

II.1 Anfänge des Planungsdiskurses in der Bundesrepublik

Der Begriff der Planung ist Teil einer Reihe von Schlagworten, die als zentrale Elemente den politischen Diskurs in den sechziger Jahren bestimmten. Neben „Prosperität, Planung, Partizipation"[26] war es der Begriff der Rationalität, der die Debatte über die Modernität und Zukunftsfähigkeit der Politik beherrschte. Untrennbar mit diesen Begrifflichkeiten war eine zunehmende Verwissen-

---

[24]   Vgl. zur Bedeutung der Machbarkeit: Metzler, Gabriele, „Geborgenheit im gesicherten Fortschritt". Das Jahrzehnt von Planbarkeit und Machbarkeit, in: Frese/Paulus/Teppe, Demokratisierung und gesellschaftlicher Aufbruch, ebd., S.777-797, hier: S.783.

[25]   Vgl. Doering-Manteuffel, Ordnung jenseits der politischen Systeme, ebd., S.405.

[26]   Vgl. Ruck, Michael, Ein kurzer Sommer der konkreten Utopie – Zur westdeutschen Planungsgeschichte der langen 60er Jahre, in: Schildt/Siegfried, Dynamische Zeiten, ebd., S.362-401, hier: S.362.

schaftlichung der Politik verbunden. Soziologen, Wirtschaftswissenschaftler und zunehmend auch Politologen waren in den sechziger Jahren nicht nur die Wortführer von wissenschaftlichen Debatten über das Staatsverständnis und Analytiker von zukünftigen Entwicklungen, sie begannen auch in größerem Maße aktiv an der Politik teilzuhaben. Wissen wurde zu einer zentralen Ressource für Politik, ebenfalls eine Entwicklung, die seit Ende der fünfziger Jahre an Bedeutung gewonnen hatte. Als Beispiel hierfür kann die Einrichtung von Expertengremien wie des Wissenschaftsrates 1957, des Sachverständigenrates zur Begutachtung der gesamtwirtschaftlichen Entwicklung 1963 oder die zunehmende wissenschaftliche Politikberatung der Parteien gesehen werden.[27] An Forderungen nach mehr Offenheit und Partizipation in vielen Bereichen, von Privatpersonen bis hin zu Institutionen wie den Kirchen oder dem Militär, lässt sich zudem ein grundlegender Wandel im Selbstverständnis nicht nur einzelner, sondern weiter Teile der Gesellschaft ausmachen. Die nachhaltige Beschäftigung mit dem Verhältnis zum Staat und seiner demokratischen Ordnung kann als Ausdruck eines grundlegenden Wandels im Werte- und Normengerüst gedeutet werden.[28] Bereits in den späten fünfziger Jahren wurde die demokratische und gesellschaftliche Ordnung zunehmend Gegenstand der Kritik. Die Frage, wie die Gesellschaft aussehen muss und wie sie aussehen darf, formuliert vom Soziologen Ralf Dahrendorf im Jahr 1961, sollte die Debatte des folgenden Jahrzehnts bestimmen.[29]

II.1.1 Vom Tabu zum Reizwort: Politische Planung zu Beginn der sechziger Jahre

Zu Beginn der sechziger Jahre war die Bundesrepublik, zumindest was den Aspekt der politischen Planung anging, im internationalen Vergleich in einen erheblichen Entwicklungsrückstand geraten. So gehörte Planung insbesondere in den USA, aber auch in Großbritannien und nicht zuletzt in Frankreich in-

---

[27]   Vgl. Metzler, „Geborgenheit im gesicherten Fortschritt", ebd., S.783f.
[28]   Vgl. Scheibe, Moritz, Auf der Suche nach der demokratischen Gesellschaft, in: Ulrich, Herbert (Hrsg.), Wandlungsprozesse in Westdeutschland, Belastung, Integration, Liberalisierung 1945-1980, Göttingen 2003, S.245-277, hier: S.260f.
[29]   Vgl. ebd., S.247.

zwischen zum politischen Rüstzeug der jeweiligen Regierung. In der Bundesrepublik war der Begriff der Planung hingegen mit einem weitreichenden Tabu
belegt. Zum einem speiste sich diese Scheu aus der eigenen nationalsozialisti-
schen Vergangenheit, in der Planung einen zentralen Bestandteil des politischen Systems dargestellt hatte. Der Göringsche Vier-Jahres-Plan, der die
Kriegsfähigkeit der deutschen Wirtschaft zum Ziel hatte, ist hierfür nur ein
Beispiel. Zum anderen waren sich die Vertreter des westdeutschen Teilstaates
den rigiden Planungskonzeptionen der sozialistischen Nachbarstaaten ge-
wahr.[30] Diese Kombination führte zu einer grundlegenden Ablehnung von planerischen Elementen, sowohl in der Politik als auch in der wissenschaftlichen
Diskussion. Zwar gab es bereits in den fünfziger Jahren Ansätze von Planung
im Regierungsbereich, beispielsweise auf dem Gebiet der Raumplanung oder
in der Landwirtschaftspolitik, allerdings gingen diese nicht über zeitlich oder
lokal begrenzte oder in ihrer politischen Stoßrichtung stark eingeschränkte Ansätze hinaus. Erschöpfende Konzeptionen von politischer Planung existierten
nicht und wurden auch nicht weitergehend erörtert.[31]

Was aber ebnete der Planung ihren Weg in die bundesdeutsche Politik?
Was war die Initialzündung für die zu Beginn der sechziger Jahre explodieren-
de Debatte über Chancen und Risiken politischer Planung? Die bis zum Ende
des Jahrzehnts immer weiter zunehmende Beliebtheit von Planung in der Bundesrepublik ist nicht monokausal zu erklären. Verschiedene Auslöser, die Planung gesellschafts- und schließlich regierungsfähig machten, sollen im Folgenden aufgezeigt werden. Die wesentlichen Impulse, die zu einer grundlegenden Neubewertung von Planungselementen in der Politik und zum Beginn
einer regen Diskussion über Chancen und Risiken derselben führten, kamen

---

[30]   Zur Planung im Nationalsozialismus und in der Sowjetunion vgl. van Laak, Dirk, Planung.
       Geschichte und Gegenwart des Vorgriffs auf die Zukunft, in: Geschichte und Gesellschaft,
       Zeitschrift für Historische Sozialwissenschaft, Band 34/2008, Heft 3, S. 305-326, hier: S.311-
       314; sowie Herbst, Ludolf, Das nationalsozialistische Deutschland 1933-1945, Die Entfesse-
       lung der Gewalt: Rassismus und Krieg, Frankfurt am Main 1996, S.168-177; Tooze, Adam,
       Die Ökonomie der Zerstörung: die Geschichte der Wirtschaft im Nationalsozialismus, Mün-
       chen 2008; Abelshauser, Werner/Hesse, Jan-Otmar/Plumpe, Werner (Hrsg.): Wirtschaftsord-
       nung, Staat und Unternehmen. Neuere Forschungen zur Wirtschaftsgeschichte des National-
       sozialismus - Festschrift für Dietmar Petzina zum 65. Geburtstag, Essen 2003.
[31]   Vgl. Metzler, Geborgenheit im gesicherten Fortschritt, ebd., S.785.

dabei aus dem Ausland. Dass ein grundsätzlicher Bedarf bestand, über neue Formen des Regierens und der wirtschaftlichen Ordnung zu debattieren, zeigt die Dynamik der folgenden medialen, wissenschaftlichen und politischen Auseinandersetzung.

Wie angedeutet setzte im Gefolge der Doppelkrise 1961/1962 eine Entspannung im Verhältnis der sich gegenüberstehenden Blöcke ein. Im selben Zeitraum begann die US-Regierung, neue Planungselemente in zentralen Politikfeldern wie der Wirtschafts- und der Sozialpolitik zu verankern. Ähnlich wie in den Vereinigten Staaten setzte auch in der Sowjetunion eine Veränderung in der Bewertung von Planungsmechanismen ein. Nur war es hier nicht ein Mehr an Planung, das angestrebt wurde, vielmehr wurden allzu rigide Planungsvorgaben modifiziert und in ihrer Reichweite reduziert. Diese parallele Entwicklung der Neubewertung in Ost und West führte in den westlichen Industrienationen zu einer verstärkten Rezeption von bereits existierenden Konvergenztheorien. Ein zentrales Element dieser Theorien war die Vorstellung, dass die beiden konkurrierenden Systeme sich schrittweise aneinander annäherten, was zu einer grundlegenden Veränderung beider Gesellschaften führen würde.[32] Eng mit der Rezeption von Konvergenztheorien war die Diskussion über das „Ende der Ideologien" verbunden, die ihre Anfänge bereits in den fünfziger Jahren nahm.[33] Vor dem Hintergrund der offensichtlichen Veränderungen im sozialistischen Planungsdenken, was ab 1963 auch an der Lockerung von Produktionsvorgaben in der DDR deutlich wurde, erhielten Diskussionen über Systemkonvergenzen und Möglichkeiten der politischen Planung gerade in der Bundesrepublik Auftrieb.[34] Zwar gab es bereits intellektuelle Debattierzirkel wie den ‚Bergedorfer Gesprächskreis zu Fragen der freien und industriellen Gesellschaft', die sich mit allgemeinen Fragen des sozialen und wirtschaftlichen Wandels auseinandersetzten und auch Fragen zu Planungsmechanismen erörterten. Die Auslösung eines regelrechten Booms dieser Debat-

---

[32]   Vgl. Ruck, Michael, Westdeutsche Planungsdiskurse, ebd., S.293.
[33]   Vgl. Schildt, Axel, Ende der Ideologien? Politisch-ideologische Strömungen in den 50er Jahren, in: Ders./Sywottek, Arnold (Hrsg.), Modernisierung im Wiederaufbau, Bonn 1993, S.627-635, hier: S.627.
[34]   Vgl. hierzu Metzler, Konzeptionen, ebd., S.225-231.

ten, der auch die bundesdeutsche Öffentlichkeit erreichte, bedingte aber ein anderes, von außen kommendes Ereignis.

Die Bundesregierung wurde im Herbst 1962 buchstäblich gezwungen, sich mit dem Komplex von Planung im Regierungsbereich auseinanderzusetzen. Im Oktober dieses Jahres hatte die Europäische Kommission in Brüssel das ‚Aktionsprogramm der Gemeinschaft für die zweite Stufe' vorgestellt. Dieses Memorandum zielte darauf ab, für die wirtschaftliche Entwicklung der EWG-Mitgliedsstaaten ein „gemeinschaftliches Programm" beziehungsweise eine „Programmierung" aus einer „längerfristigen Vorausschau" abzuleiten.[35] Die Regierung in Bonn reagierte beinahe reflexartig ablehnend, fürchtete man doch, dass auf diese Weise weitreichende Entscheidungen fixiert würden. Zudem trieb gerade den Vordenker und Verfechter der Sozialen Marktwirtschaft, Ludwig Erhard, und andere Anhänger des Ordoliberalismus die Befürchtung um, dass das Memorandum ein Einfallstor für die französische *planification*[36] auf gesamteuropäischer Ebene darstellte. Erhard warnte sogar eindringlich davor, Planungselemente und marktwirtschaftliche Ordnung miteinander zu kombinieren, da beide nicht koexistieren könnten.[37] Die sich entwickelnde Kontroverse zwischen dem deutschen Wirtschaftsminister und dem Präsidenten der EWG-Kommission Walter Hallstein, der die Pläne der Kommission verteidigte, fungierte in der Bundesrepublik als Diskussionsanstoß über Planungselemente in der Politik. Das EWG-Memorandum nahm dem Planungsbegriff den Tabucharakter, der ihm nach wie vor anhaftete, und ermöglichte, ja

---

[35] Vgl. Memorandum der Kommission über das Aktionsprogramm der Gemeinschaft für die zweite Stufe, Brüssel 1962, S. 61f., zit. nach: Metzler, Konzeptionen, ebd. S. 232f.

[36] Der Begriff der *planification* bezieht sich in diesem Zusammenhang auf das französische Modell der *économie concertée*, wie sie von dem französischen Nationalökonomen François Bloch-Laine bezeichnet wurde. Dabei handelt es sich um die enge Partnerschaft zwischen Staat und Großkonzernen mit der Absicht, die Produktions- und Produktivitätszuwächse rasch und kontrolliert zu steigern. Vgl. hierzu: Cohen, Stephen, Moderne kapitalistische Planung: Das Französische Modell, in: Naschold, Frieder/Väth, Werner, Politische Planungssysteme, Opladen 1973, S.43-59, hier: S.46.

[37] Vgl. Rede Bundeskanzler Ludwig Erhards vor dem Europäischen Parlament am 20.11.1962, in: Verhandlungen des Europäischen Parlaments. Ausführliche Sitzungsberichte 1962-63, Nr. 60, S.51-56, zit. nach: Metzler, Konzeptionen, ebd. S.234f.

zwang zu einer Diskussion über Chancen und Risiken von politischer Planung, die sich ab 1963 in ihrer ganzen Breite entfaltete.[38]

II.1.2 Zwischen ökonomischer Notwendigkeit und Staatsterrorismus: Politische Planung in der Diskussion

Ein grundlegendes Problem bei der Beschäftigung mit den Planungsdiskussionen der frühen und mittleren sechziger Jahre ist ihr extrem heterogener Charakter, der ein konkretes Fassen oder Ordnen der einzelnen Vorstellungen schwierig gestaltet. Im Folgenden sollen zentrale Beiträge zur Debatte herausgegriffen und auf diese Weise der Versuch unternommen werden, den planerischen Zeitgeist zu skizzieren. Denn ohne die frühen Planungsdiskussionen ist die euphorische Rezeption entsprechender Mechanismen, zunächst auf dem strategischen Feld der Wirtschaftspolitik und schließlich, nach dem Machtwechsel von 1969, in der ersten Regierung Brandt, nicht zu erklären.

Die mit dem EWG-Memorandum einsetzende Planungsdiskussion in der Bundesrepublik war eine ausgesprochen breite Debatte, die sowohl in der Presse und der publizistischen Öffentlichkeit als auch auf wissenschaftlicher Ebene geführt wurde. Angefacht wurde die sich entfaltende Diskussion zwischen Planungsbefürwortern und ihren Gegnern auch durch Entwicklungen, die in der öffentlichen Wahrnehmung als Krisensymptome empfunden wurden. Durch grundlegende Veränderungen auf wirtschaftlichem, sozialem, aber auch auf technischem Gebiet, die bereits im Laufe der fünfziger Jahre ihre Anfänge genommen hatten, wurde die Politik zunehmend vor neue Aufgaben gestellt. Diese schienen mit bewährten und althergebrachten Mitteln nicht mehr lösbar. Als Beispiele können hier etwa die durch Georg Picht 1964 proklamierte „Bildungskatastrophe"[39] oder aber auch neue Herausforderungen beim Städtebau

---

[38] Vgl. Jochimsen, Reimut/Teuner, Peter, Staatliche Planung in der Bundesrepublik Deutschland, in: Löwenthal, Richard/Schwarz, Hans-Peter (Hrsg.), Die Zweite Republik. 25 Jahre Bundesrepublik Deutschland. Eine Bilanz, Stuttgart 1974, S.843-864, hier: S.845.

[39] Vgl. Picht, Georg, Die deutsche Bildungskatastrophe. Analyse und Dokumentation, Freiburg i. Br. 1964. In diesem Buch, basierend auf einer in der Zeitung „Christ und Welt" erschienenen Artikelserie, prangerte Picht das deutsche Bildungssystem an. Er beschwor den baldigen wirtschaftlichen Zusammenbruch der Bundesrepublik, würde nicht schnellstmöglich mit einer fundamentalen Aufstockung desselben begonnen. Pichts Aufruf war die Initialzündung

angeführt werden.[40] Solche neuen Aufgaben befeuerten die Diskussion um Techniken des modernen Regierens und markierten die Anforderungen, die in Zukunft an die Politik gestellt werden sollten.

Dabei wurde die öffentliche Sichtweise stark von der wissenschaftlichen Debatte, die insbesondere in intellektuellen Gesprächskreisen und Tagungen stattfand, geprägt. Ein Symposion unter dem Titel ‚Planung ohne Planwirtschaft', abgehalten von der Frankfurter List-Gesellschaft im Frühjahr 1963, kann als das unwiderrufliche Ende der Tabuisierung des Planungsbegriffes in der Bundesrepublik gesehen werden. Der Tenor dieses Treffens, an dem sowohl Wissenschaftler und Unternehmer als auch hochrangige Politiker der Bundesrepublik und der EWG teilnahmen, war die Erkenntnis, dass ohne Informationen, Prognosen und ohne ein wissenschaftliches Fundament politische Planung nicht möglich sein würde.[41] Ausgehend von dieser Erkenntnis wurde in der Folge vermehrt die Frage aufgegriffen, inwieweit die Wissenschaft überhaupt in der Lage sei, solche Expertisen, vornehmlich auf dem Feld der Wirtschaftspolitik, zu liefern. Nach anfänglichen Divergenzen bezüglich der Aussagekraft von Prognoseinstrumentarien im Rahmen der Konjunkturentwicklung zeigten sich gerade im Bereich der Wirtschaftswissenschaften die Wirkungen eines einsetzenden Generationenwechsels. Nicht nur in den Debattierzirkeln, sondern vor allem an den Hochschulen übernahmen jüngere Wissenschaftler, vornehmlich Ende der zwanziger und Anfang der dreißiger Jahre geboren, zunehmend die Meinungsführerschaft. Eine jüngere Generation von Ökonomen drängte zur Deutungshoheit und mit ihnen auch neue Konzepte der wirtschaftspolitischen Planung. Dies war eine Entwicklung, die nachhaltig zur Belebung der Debatte beitrug. Bis Mitte der sechziger Jahre sollte dieses Phänomen dafür sorgen, dass planungspolitische Bedenkenträger in die Minderheit gerieten. Das Ergebnis der wirtschaftspolitischen Planungsdebatten, die seit

---

für eine breite politische und wissenschaftliche Diskussion über Fragen der Bildungspolitik und die Notwendigkeit einer langfristigen Bildungsplanung. Vgl. Wolfrum, Die geglückte Demokratie, ebd., S.242; sowie Ruck, Westdeutsche Planungsdiskurse, ebd., S.300f.

[40] Vgl. Metzler, Geborgenheit im gesicherten Fortschritt, ebd., S.785f.

[41] Zu den Teilnehmern gehörten unter anderen der Präsident der EWG-Kommission Walter Hallstein, der Wirtschaftspolitiker Hans von der Groeben sowie Planungsbeauftragte aus den Niederlanden, Frankreich und Großbritannien. Des Weiteren zwei ehemalige Bundesminister und drei amtierende Bonner Staatssekretäre. Vgl. Metzler, Konzeptionen, ebd., S.246.

1963 in der Wissenschaft geführt und dabei angestrengt von den Medien verfolgt und eifrig kommentiert wurden, war die Tatsache, dass sich Planung ab
Mitte des Jahrzehnts als legitimes politisches Steuerungsmittel in diesem Bereich etabliert hatte.[42] Diese Entwicklung war eng verbunden mit den zunehmend als nicht mehr zeitgemäß empfundenen Auffassungen des früheren Wirt-
schaftsministers und neuen Bundeskanzlers Ludwig Erhard. Ihre Personifikati-
on fand sie in Karl Schiller. Dieser war ab 1965 wirtschaftspolitischer Spre-
cher der SPD-Fraktion im Deutschen Bundestag und Vertreter einer umfassend
rationalen Wirtschaftspolitik, die auf kommende Krisen durch Vorausschau reagieren sollte.[43]

　　Doch beschränkte sich die Diskussion über Mechanismen politischer Planung nicht nur auf ökonomische Themen, auch wenn hier die größten Potenzi-
ale einer planvollen Politik vermutet wurden. Vielmehr wurden die Systematik
des politischen Planens und ihr utopischer Charakter zum Gegenstand einer
beinahe schon philosophisch anmutenden Auseinandersetzung. In der „Lähmung der sozialen Phantasie"[44] sah beispielsweise der Zukunftsforscher Robert
Jungk die Gründe für einen überhandnehmenden Pragmatismus und Hedonis-
mus in der Gesellschaft und machte darin das Scheitern der Intellektuellen und
den Sieg der Pragmatiker aus. Diese Lähmung wurde von ihm sowohl durch
den Zusammenbruch des faschistischen als auch durch die Entartung des mar-
xistisch-leninistischen Weltbildes erklärt. Die zunehmende Komplexität der
modernen Gesellschaft führte seiner Meinung nun dazu, dass frühere Erklä-
rungsmuster vollends scheiterten.[45] Erst durch eine „neue soziale Phantasie"[46],
in der sich zweckfrei mit gerade erst Denkbarem beschäftigt würde, könnte die
Gesellschaft durch die Wissenschaft zu einer „großen fernen Utopie"[47] und
somit zu einer Vorstellung des zukünftig Möglichen gelangen. Eine solche
utopische Vorstellung war für Jungk nicht Gegensatz zu, sondern Vorausset-

---

[42]　Vgl. Metzler, Konzeptionen, ebd., S.248-251.
[43]　Vgl. Lütjen, Torben, Karl Schiller (1911-1994), „Superminister" Willy Brandts, Bonn 2007, S.206.
[44]　Vgl. Jungk, Robert, Modelle für eine neue Welt, in: Ders./Mundt, Modelle für eine neue Welt I, ebd., S.23-36 hier: S.25.
[45]　Vgl. ebd.
[46]　Vgl. ebd.
[47]　Vgl. ebd., S.31.

zung für wissenschaftliche Planungstechniken. Dabei legte der Autor einen absoluten Anspruch an den Typus des Planers an den Tag. Er forderte die „zielstrebige Heranbildung von Planern"[48], etwa durch die Einrichtung einer Akademie für Planung. Der ideale Planer, so Jungk, könne sogar nur in einem „neuen Menschentyp" bestehen, der in der Lage wäre, die „wachsende Fülle des Wissens und Könnens zu bewältigen, [...] kein utopischer Übermensch wird da verlangt, nur einer, der geistig auf der Höhe seiner wissenschaftlichen und technischen Möglichkeiten stände: ein »neuer Mensch«, der vor einer »man made world« nicht resigniert, sondern imstande ist, sie zu beherrschen und zu formen."[49] Den ernsthaft eingebrachten Vorschlag, einen solchen Menschen mit Hilfe biologischer Eingriffe herzustellen, schlug Jungk zwar mit Hinweis auf ethische, religiöse und wissenschaftliche Zweifel in den Wind.[50] Aber dennoch ist die Erwähnung von solchen neuen technischen Möglichkeiten für zahlreiche Diskussionsbeiträge symptomatisch und zeigt eine fundamentale Technikgläubigkeit ihrer Urheber. Die Hoffnung, dass mittels neuartiger Computer das gemeinsame Zusammenleben revolutioniert, Staat und Verwaltung grundlegend modernisiert und effizienter gestaltet, kurz alles reibungsloser ablaufen könnte, ist beinahe allen Beiträgen immanent. Die Kybernetik als neue Wissenschaft sollte auch der neuen Gesellschaft zum Durchbruch verhelfen.[51]

„Planung ist der große Zug unserer Zeit. Planung ist ein gegenwärtig ins allgemeine Bewusstsein aufsteigender Schlüsselbegriff unserer Zukunft."[52] Mit diesem einleitenden Satz zu seiner mehrbändigen Reihe „Planung" brachte der Bonner Rechtswissenschaftler Joseph H. Kaiser den Zeitgeist zu Papier. Für die Befürworter von Planung im Regierungsbereich galten Systematisierung, Rationalität und Wissenschaft als unverzichtbare Werkzeuge für zukunftsfähige Politik. Für sie war Planung „ein systematischer Entwurf einer rationalen

---

[48]   Vgl. Jungk, Robert, Gesucht: Ein neuer Mensch, Skizze zur einem Modell des Planers, in: Ders./Mundt, Hans Josef (Hrsg.), Modelle I, ebd., S.505-516. hier: S.506.

[49]   Vgl. ebd.

[50]   Vgl. ebd., S.507f.

[51]   Vgl. Bertaux, Pierre, Denkmaschinen, Kybernetik und Planung, in: Jungk, Robert/Mundt, Hans Josef (Hrsg.), Modelle für eine Neue Welt I, ebd. S. 51-81, hier besonders: S.75f.

[52]   Vgl. Kaiser, Vorwort, in: Ders. (Hrsg.), Planung I, ebd., S.7.

Ordnung auf der Basis alles verfügbaren Wissens."[53] Für Kaiser zählten dabei „Systematik als die planvoll geordnete Totalität unseres jeweiligen Wissens, Rationalität und vor allem die Wissenschaft" zu den „konstitutiven Faktoren jeder Art von Planung."[54] In dieser sich abzeichnenden „Entideologisierung des Planungsbegriffes"[55] sahen aber besonders konservative Kritiker eine Bedrohung der demokratischen Ordnung und die Gefahr einer technokratischen Diktatur. Der wortmächtigste und bekannteste Vertreter der letzten Gruppe war der Soziologe Helmut Schelsky, der Kaiser und andere Planungsbefürworter scharf angriff.[56] Schelsky warf den Planungstheoretikern vor, dass sie mit ihrem schematischen Freund-Feind-Denken – fortschrittliche Planungsbefürworter auf der einen, rückwärtsgewandte Planungsgegner auf der anderen Seite – selbst wieder einer Ideologie verfielen, der „Ideologie der Rationalität".[57] Den Planungsbefürwortern fehlte es in den Augen Schelskys an der Fähigkeit zu kritischen Reflexion darüber, was eine umfassende Gesellschaftsplanung überhaupt zu leisten imstande war. In einer umfassenden Zukunftsplanung lag für ihn vielmehr die Gefahr, dass durch selbsternannte Experten die eigentliche staatliche Gewalt untergraben und das politische System zunehmend technokratischer werden würde.[58] So hatte Schelsky bereits durch einen 1961 gehaltenen Vortrag eine nachhaltig und intensiv geführte Debatte über Handlungsoptionen des Staates in der Moderne ausgelöst.[59] Schelsky hatte in diesem Zusammenhang die These aufgestellt, dass der Staat durch die zunehmende Dynamik der technischen Entwicklungen in die Defensive gedrängt und schließlich sämtlicher Handlungsmöglichkeiten beraubt werde. Dadurch, dass der politische Prozess allein dem Sachzwang folge, werde der Staat an sich schließ-

---

[53]　Vgl. ebd.

[54]　Vgl. ebd.

[55]　Vgl. Klages, Helmuth, Planungspolitik, Probleme und Perspektiven der umfassenden Zukunftsgestaltung, Stuttgart 1971, S.7.

[56]　Vgl. Ruck, Westdeutsche Planungsdiskurse, ebd., S.297.

[57]　Vgl. Schelsky, Helmut, Planung der Zukunft, Die rationale Utopie und die Ideologie der Rationalität, in: Soziale Welt, Zeitschrift für sozialwissenschaftliche Forschung und Praxis, 17. Jg./1966, Heft 2, S.155-172.

[58]　Vgl. ebd.; sowie Ruck, Westdeutsche Planungsdiskurse, ebd., S.298.

[59]　Vgl. Schelsky, Helmut, Der Mensch in der wissenschaftlichen Zivilisation, in: Arbeitsgemeinschaft für Forschung des Landes Nordrhein-Westfalen/Geisteswissenschaften, Heft 96, Köln/Opladen 1961, S.5.

lich überflüssig. Mit seiner These traf Schelsky einen Zeitnerv, da Politik zunehmend als alternativlos, den technischen, wirtschaftlichen und sozialen Entwicklungen unterworfen, wahrgenommen wurde. Planung wurde nun vielfach
als Ausweg aus dieser Sachzwang-Krise gesehen. Durch klare Konzepte sollte
Politik wieder verständlich und durchschaubar gestaltet werden.[60] Wie oben
angesprochen, sah Schelsky in dieser Entwicklung allerdings wiederum eine
Gefahr – weniger für den Staat als vielmehr für die Demokratie, die er in ihrer
Existenz nun wiederum von technokratischem Gedankengut bedroht sah.

Ähnlich wie Schelsky äußerten sich auch andere konservative Kritiker,
die im wachsenden Einfluss wissenschaftlicher Elemente in der Politik die Gefahr einer technokratischen Diktatur erblickten. So wurde davor gewarnt, dass
der utopische Charakter mancher Planungsvorstellungen einen direkten Weg in
„ein Reich des Zwanges und der Unfreiheit"[61] darstelle, das dem Menschen
durch das Streben nach Sicherheit und Berechenbarkeit letztendlich die Zukunft raube und sie „notwendigerweise entfremde"[62]. Noch weitergehend wurde erwartet, dass „totalitärer Terror"[63] entstehen könne, wenn auf dünner Basis
konstruierte Planungsvorgaben als politische Strategie eingesetzt und danach
zu apodiktisch verfolgt würden.[64] Neben den konservativen Kritikern waren es
vornehmlich Liberale, die die neu aufkommenden Planungsideen scharf kritisierten. Obwohl sie grundsätzlich die Prinzipien einer rationalitätsgesteuerten
Politik befürworteten, sahen sie die Gefahr der Totalplanung, die schließlich
jegliche Form der Freiheit aufheben würde.[65] Als Vertreter dieser Geisteshaltung kann Ralf Dahrendorf angeführt werden, für den zur planrationalen Haltung der „autoritäre, in neuerer Zeit der totalitäre Staat"[66] gehörte. Gleichzeitig
bedeutete diese Ablehnung allerdings nicht, dass man die Notwendigkeit einer

---

[60]   Vgl. Metzler, Geborgenheit im gesicherten Fortschritt, ebd. S.788.
[61]   Vgl. Wilms, Bernhard, Zur Dialektik der Planung. Fichte als Theoretiker einer geplanten Ge-
        sellschaft, in: Ebracher Studien, Säkularisation und Utopie, Ernst Forsthoff zum 65. Ge-
        burtstag, Stuttgart 1967, S.155-167, hier: S.166.
[62]   Vgl. ebd.
[63]   Vgl. Arndt, Hans-Joachim, Die Figur des Plans als Utopie des Bewahrens, in: Erbracher Stu-
        dien, ebd., S.119-154, hier: S.140.
[64]   Vgl. ebd.
[65]   Vgl. Metzler, Geborgenheit im gesicherten Fortschritt, ebd., S.787.
[66]   Vgl. Dahrendorf, Ralf, Gesellschaft und Demokratie in Deutschland, München 1965, S.69.

Modernisierung von Regierung und Verwaltung negierte. Der ablehnende Reflex, der dem Instrument der Planung von liberaler Seite entgegenschlug, war dabei weniger auf die dadurch zu etablierende politische Praxis, als vielmehr auf die dahinter vermutete anti-demokratische Geisteshaltung gerichtet.

Dem Begriff der Planung wurde bis Mitte der sechziger Jahre der Tabucharakter grundsätzlich genommen. In einer breiten Diskussion wurde über Chancen und Risiken von Planung im Regierungsbereich diskutiert. Dabei waren sich die meisten Akteure innerhalb dieser Debatte einig, dass es ohne Planung nicht möglich sein würde, den Erfordernissen der Zukunft angemessen zu begegnen. Diese Ansicht wurde dadurch bestärkt, dass schon in der eigenen Gegenwart die ersten grundsätzlichen Probleme und Krisenanbahnungen existierten, deren Lösungen moderner und rationaler Politik bedurften. Diejenigen, die Planung aus Angst vor einer technokratischen Dominanz in der Politik oder auf Grund allgemeiner Modernisierungsskepsis ablehnten, blieben in der bundesrepublikanischen Planungsdebatte in der Minderheit. Im Laufe der sechziger Jahre wurden sie zudem vom faktischen Einzug planerischer Elemente in die Bundesrepublik und deren positiven Annahme in Folge der Wirtschaftskrise von 1966/67 zunehmend in die Defensive gedrängt.[67]

II.2 Die Manifestation eines Phänomens: Planung in der Bundespolitik

Mit dem Rücktritt Ludwig Erhards als Bundeskanzler und dem Zustandekommen der ersten Großen Koalition aus SPD und CDU/CSU wurden die Möglichkeiten, politische Planung auch auf der Ebene der Bundespolitik zu implementieren, vergrößert. Gerade die Sozialdemokraten sahen in diesem Instrument die Möglichkeit, in der bundesdeutschen Gesellschaft der sechziger Jahre mehr Demokratie zu verankern und stellten sich dabei gegen den Vorwurf, dass Planung ein demokratiefeindlicher, technokratischer Charakter innewohne. Man hoffte vielmehr, Chancengerechtigkeit und soziale Mobilität durch demokratisch legitimierte Planungsmechanismen zu erhöhen.[68] Als Kontrapunkt zu der von Ludwig Erhard ins Leben gerufenen Idee der formierten Ge-

---

[67]   Vgl. Ruck, Westdeutsche Planungsdiskurse, ebd. S.299.
[68]   Vgl. Metzler, Geborgenheit im gesicherten Fortschritt, S.792f.

sellschaft wurde in der SPD das Konzept einer mündigen Gesellschaft formuliert. Eine solche Gesellschaft setze „freie und aufgeklärte Menschen voraus, Menschen, die imstande sind, alte und neue Abhängigkeiten in Staat und Wirtschaft zu erkennen und ihnen die Stirn zu bieten."[69] Innerhalb der Sozialdemokratie, insbesondere durch den neuen Bundeswirtschaftsminister Karl Schiller, wurde daran gearbeitet, diesen zunächst hohlen Begriff zu füllen. Im Gegensatz zur autoritären Formierung der Interessen, wie er es Erhard unterstellte, forderte Schiller eine Hinführung der einzelnen gesellschaftlichen Gruppen zum Gemeinwohl durch eine planende und ausgleichende Politik.[70]

II.2.1 Karl Schiller und das System der Globalsteuerung

„Wettbewerb soweit wie möglich, Planung soweit wie nötig!"[71] Mit diesem Credo hatte Karl Schiller die Grundlagen seiner wirtschaftspolitischen Maximen bereits Jahre vor seiner Vereidigung als Wirtschaftsminister der ersten Großen Koalition charakterisiert. Auch in diesem Amt sollten sie seine politischen Handlungen maßgeblich bestimmen. Gleichzeitig ging damit der Durchbruch des Planungsdenkens in der bundesdeutschen Regierungspolitik einher. Den Ministerposten übernahm Schiller unter besonderen politischen Umständen an. Mit der Regierungsmehrheit der Großen Koalition im Rücken konnte er seine Vorstellungen einer modernen Wirtschaftspolitik vergleichsweise frei umsetzen. Vor dem Hintergrund der im Übergang der Jahre 1966/67 spürbar werdenden wirtschaftlichen Rezession und des einsetzenden Beschäftigungsrückgangs geriet die bis dato von Ludwig Erhard propagierte Wirtschaftspolitik auch in der öffentlichen Wahrnehmung zunehmend in die Kritik. Das sich im Dezember 1966 bildende Bündnis aus Christ- und Sozialdemokraten wurde somit auch als wirtschaftspolitisches Modernisierungs- und Krisenbündnis verstanden.[72]

---

[69] Vgl. Einführungsreferat Karl Schillers in der Arbeitsgemeinschaft Schwerpunkte der Gesellschaftspolitik in Deutschland auf dem Parteitag der SPD am 3. Juni 1966 in Dortmund, in: Tatsachen und Argumente, Nr. 204/66, S.2f, zit. nach: Lütjen, Karl Schiller, ebd., S.211.

[70] Vgl. ebd.

[71] Vgl. Schiller, Karl, Produktivitätssteigerung und Vollbeschäftigung durch Planung und Wettbewerb, in: Ders., Der Ökonom und die Gesellschaft, Stuttgart 1964, S.122.

[72] Vgl. Ruck, Ein kurzer Sommer, ebd. S.382.

Schiller war von der globalen Steuerungsmöglichkeit der Wirtschaft, basierend auf den Vorstellungen der keynesianischen Theorie, überzeugt.[73] Als ein zentrales Element seiner Wirtschaftspolitik sah der sozialdemokratische Minister das Instrumentarium der Konzertierten Aktion, wie es bereits 1965 vom Sachverständigenrat zur Begutachtung der gesamtwirtschaftlichen Entwicklung angeregt worden war. Durch Einbindung der Arbeitgeber, der Gewerkschaften, von Vertretern des Sachverständigenrates und der Bundesbank in ein regelmäßig tagendes Gremium sollten die einzelnen Gruppen auf die Vorstellungen einer anti-zyklischen Fiskal- und Geldpolitik eingeschworen werden. Über ein solches Forum hoffte Schiller auf die Tarifpartner, besonders auf dem Feld der Lohnpolitik, einwirken und auf diese Weise seine Pläne für eine expansive Wirtschaftspolitik auf eine sichere Grundlage stellen zu können. Damit ging er weit über das ursprüngliche Konzept des Sachverständigenrates hinaus. Auf der Basis von wissenschaftlichen Prognosen und nicht zuletzt mit Verweis auf seine eigene ökonomische Expertise, versuchte er die Teilnehmer auf die von ihm intendierte wirtschaftspolitische Richtung festzulegen.[74] Schiller erweiterte dabei die stabilitätsorientierte Basis des bereits in der Vorgängerregierung existierenden Sozialen Dialogs um zentrale Fragen einer wachstumsorientierten Wirtschaftspolitik. In den ab Februar 1967 regelmäßig geführten Gesprächen im Rahmen der Konzertierten Aktion gerierte sich der Wirtschaftsminister fortan als Vermittler zwischen den sich gegenüberstehenden Lagern. Sein Erfolg machte sich, zumindest in der öffentlichen Wahrnehmung, an der Lohnzurückhaltung der Arbeitnehmer und einer kurzfristigen Konfliktmilderung zwischen den Tarifparteien fest.[75]

Die Eckpunkte seiner Wirtschaftspolitik formulierte Schiller im so genannten Magischen Viereck, der Einheit aus Preisstabilität, Vollbeschäftigung, Außenwirtschaftsabgleich und einem stetigen und angemessenem Wirt-

---

[73]   Zur Bedeutung der wirtschaftswissenschaftlichen Theorie von John Maynard Keynes für das Denken Schillers vgl. Lütjen, Karl Schiller, ebd. S. 56f und passim.

[74]   Schanetzky, Tim, Sachverständiger Rat und Konzertierte Aktion: Staat, Gesellschaft und wissenschaftliche Expertise in der bundesrepublikanischen Wirtschaftspolitik, in: Vierteljahrsschrift für Sozial- und Wirtschaftsgeschichte, 3/2004, S. 310-331, hier: S.320f.

[75]   Vgl. Lütjen, Karl Schiller ebd., S.228f.

schaftswachstum.[76] Auf diese Punkte verpflichtete sich die Bundesregierung im ‚Gesetz zur Förderung der Stabilität und des Wachstums der Wirtschaft' im Juni 1967 schließlich selbst und legitimierte auf diese Weise die Konzertierte Aktion als quasi dauerhaft institutionalisiertes Gremium. In Kombination mit der im Juli beschlossenen Mittelfristigen Finanzplanung[77] sollten so für die Zukunft sowohl ein ausgeglichener Haushalt als auch ein sich verstetigendes wirtschaftliches Wachstum gewährleistet werden.[78] An erster Stelle war im Gesetz der Grundsatz festgeschrieben, dass sich die künftige Wirtschaftspolitik an Maßnahmen der „präventiven Krisenverhütung" an Stelle der „repressiven Krisenbeseitigung" orientieren müsse.[79] Eine derartige Maxime bedurfte allerdings der langfristigen Planung und der wissenschaftlichen Prognose, die man zwar bisher in Ministerien und anderen wirtschaftspolitischen Ressorts durchaus genutzt hatte, die nun aber zur Basis direkter politischer Entscheidungen wurden. Gleichzeitig wurden die bis dato üblichen Planungsräume erweitert. Wo vorher noch in jährlichen Zielkategorien gedacht worden war, wurden nun zusätzlich vier- bis fünfjährige Projektionsräume eingeführt.[80] In derartigen Prognosen und Datensammlungen, die die Arbeit der Konzertierten Aktion unterfütterten, spiegelte sich Schillers Absicht wider, auf der Basis von wissenschaftlich-technischen Lösungen einen grundlegenden Konsens aller beteiligten Gruppen zu erreichen. Mittels Rationalität und Information, so die Hoff-

---

[76] Vgl. Ruck, Ein kurzer Sommer, ebd. S.382-385.

[77] Unter dem Begriff der Mittelfristigen Finanzplanung wurde die Einbettung des jeweiligen Haushaltsplans in eine mehrjährige Vorausplanung verstanden, mit dem Ziel, das wirtschafts- und finanzpolitische Programm der Regierung auch längerfristig abbilden und so seine volkswirtschaftliche Auswirkung berechnen zu können. In der Mittelfristigen Finanzplanung wurden dabei mehrere Aufgabenbereiche unter einem einzigen Planungsinstrument zusammengefasst. Im Einzelnen waren dies die Steuer- und Haushaltspolitik von Bund, Ländern und Kommunen, zentrale Elemente der Konjunktur- und Wachstumssteuerung, sowie die längerfristige Aufgabenplanung. Die Mittelfristige Finanzplanung wurde in der Folgezeit immer wieder zum Gegenstand der Kritik, da sie die in sie gesetzten Erwartungen, vor allem auf Grund der unsicheren statistischen Vorhersagen, nur unzureichend erfüllen konnte. Vgl. Nützenadel, Stunde der Ökonomen, ebd., S.331.

[78] Schanetzky, Sachverständiger Rat und Konzertierte Aktion, ebd. S.319f.

[79] Vgl. „Gesetz zur Förderung der Stabilität und des Wachstums der Wirtschaft", §1, zit. nach: Nützenadel, Stunde der Ökonomen, ebd., S.328.

[80] Vgl. ebd., S.329.

nung Schillers, sollte eine Harmonisierung der Interessensgegensätze erreicht werden.[81]

Das Prinzip der Globalsteuerung, mit dem zentralen Element der Konzertierten Aktion, ist somit ein Beispiel, wie wissenschaftlich generiertes Wissen in die Politik transferiert wurde. Gleichzeitig manifestierten sich im Scheitern einer solchen planvollen, auf Prognosen und Orientierungsrahmen beruhenden Politik bereits die Grenzen derartigen politischen Handelns.[82] Auf der Basis wissenschaftlich fundierter Vorhersagen sollte bewusst in gesellschaftliche Entwicklungen eingegriffen werden, beispielsweise über langfristige Lohnabschlüsse. Dies scheiterte letztendlich an nur schwer berechenbaren Faktoren, wie dem schnellen wirtschaftlichen Aufschwung und der daraus resultierenden Unzufriedenheit der Arbeitnehmer über die Lohnpolitik. Auch wenn sich das faktische Scheitern der Konzertierten Aktion bereits im Laufe des Jahres 1969 abzeichnete, war sie doch mehr als nur eine wirtschaftspolitische Maßnahme. Sie stand symbolhaft für eine grundsätzlich neue politische Denk- und Handlungsweise. Als Ausdruck einer neuen „gesellschaftlichen Selbstbeschreibung"[83] fügte sie sich nahtlos ein in das Konzept der mündigen Gesellschaft, das die Gesellschaft als Ansammlung von verschiedenen Interessensgruppen akzeptierte. An Stelle von staatlichen Zwangsmaßnahmen sollte durch Dialog und Planung die größtmögliche Übereinstimmung aller Gruppen erreicht werden.[84] Dabei sah die Schillersche Konzeption das Forum der Konzertierten Aktion auch als Instrumentarium zur gesamtgesellschaftlichen Erziehung. Über einen wirtschaftlichen Gruppenkonsens, der über die Konzertierte Aktion in die Gesellschaft und das öffentliche Bewusstsein getragen wurde, sollte eine

---

[81] Vgl. Lütjen, Karl Schiller, ebd., S.230.

[82] Mit dem im Laufe des Jahres 1968 einsetzenden wirtschaftlichen Aufschwung begann die Unterstützung der Gewerkschaften zu bröckeln, da diese nun auf verbesserte Lohnabschlüsse drängten. Mit den im September 1969 in der ganzen Republik ausbrechenden wilden Streiks machten ihre Anhänger deutlich, dass sie nicht mehr bereit waren die Lohnpolitik, so wie sie in der Konzertierten Aktion verfolgt wurde, weiter mitzutragen. Die Konzertierte Aktion verschwand zwar erst im Jahr 1977 gänzlich von der Bildfläche, war seit Anfang der siebziger Jahre allerdings weitgehend bedeutungslos. Vgl. Schanetzky, Sachverständiger Rat und Konzertierte Aktion, ebd., S.324.

[83] Vgl. ebd. S.326.

[84] Vgl. Schlecht, Otto, Konzertierte Aktion als Instrument der Wirtschaftspolitik, Tübingen 1968, S.20f.

einheitliche Wertevorstellung implementiert werden. Schiller hoffte, dass durch rationale Information und Kommunikation das Erkennen eines gemeinsamen Interesses aller gefördert und auf diese Weise ein gesellschaftlicher Integrationsprozess einsetzen würde. Die kollektive Identifikation mit einem Konsens, basierend auf einer einheitlichen ökonomischen Wertevorstellung, war für ihn der Ausdruck eben jener „mündigen Gesellschaft".[85] Die Konzertierte Aktion, mit ihrer wissenschaftlichen Fundamentierung und ihren Elementen längerfristiger Planung, wurde zum Instrumentarium einer neuen Gesellschaftspolitik und zu einem „institutionalisierten Transmissionsriemen"[86] von wissenschaftlicher Theorie in die gesellschaftliche Realität.[87]

II.2.2 Planen in der Großen Koalition: Der Planungsstab unter Bundeskanzler Kurt Georg Kiesinger

Neben den planerisch-wissenschaftlichen Ansätzen Karl Schillers, die einen dezidiert gesamtgesellschaftlichen Anspruch verfolgten, zog mit der Großen Koalition politische Planung auch in das Bonner Bundeskanzleramt ein. Als der neu gewählte Bundeskanzler Kurt Georg Kiesinger zu Beginn des Jahres 1967 seinen Entschluss mitteilen ließ, im Palais Schaumburg einen eigenen Planungsstab zu errichten, war er sich einer breiten Zustimmung gewiss. Dass außer der Ankündigung nur eine sehr ungenaue Vorstellung von diesem Planungsgremium existierte, störte dabei wenig.[88] Das Aufgabenprofil des neu ernannten Leiters, Ministerialdirektor Werner Krüger, wurde vage mit der Konzentration auf die „Erstellung wissenschaftlicher Planungsunterlagen"[89], die alle Politikfelder abdecken sollten, umschrieben. Einig war man sich darin, dass der neue Stab mehr sein sollte als das bereits existierende Referat Politische

---

[85]   Vgl. Hahn, Jörg, Ökonomie, Politik und Krise diskutiert am Beispiel der ökonomischen Konzeption Karl Schillers, Würzburg 1984, S.121f.

[86]   Vgl. ebd., S. 124.

[87]   Vgl. ebd.

[88]   Vgl. Dreher, Klaus Rudolf, „Die Planer planen die Planung. Über den Beratungsstab des Bundeskanzlers bestehen in Bonn bisher nur vage Vorstellungen", in: Süddeutsche Zeitung vom 11.01.1967.

[89]   Vgl. Organisationsplan des Bundeskanzleramtes, Stand vom 01.06.1967, BAK (Bundesarchiv Koblenz), B136 (Bundeskanzleramt)/Org. Pl, zit. nach: Süß, Winfried, „Wer aber denkt...?", ebd., S.352.

Planung. Dieses war 1965 eingerichtet worden und kam über die Koordination des Erhardschen Gesprächskreises, der dem Kanzler als eine Art informelles Beratungsgremium diente, nicht hinaus. Die neue Amtsleitung war hingegen bemüht, den Planungsstab als zentrales Gremium für eine mittelfristige Aufgabenplanung unter Verweis auf die Richtlinienkompetenz des Bundeskanzlers einzurichten. Besonderes Augenmerk wurde dabei auf die Sachgebiete der Außen-, Sicherheits- und Deutschlandpolitik, der Wirtschafts- und Finanzpolitik, der Gesellschaftspolitik sowie der Innen- und Wissenschaftspolitik gelegt. Alle diese einzelnen Planungsbereiche sollten jeweils von wissenschaftlichen Experten geleitet werden, die schließlich den eigentlichen Stab bilden sollten.[90] Neben den genannten Aufgaben wollte man sich mit Planungsmethodik und Planungstechnik und den damit verbundenen Aufgabenbereichen der Datenerfassung und Informationsauswertung beschäftigen.[91] In der konkreten Arbeit kristallisierten sich letztendlich die Analyse von gesellschaftlichen Entwicklungen, die Vergabe von Forschungsaufträgen zur Unterstützung einer Verwaltungsreform sowie eine kurzfristige Beratung des Bundeskanzlers zu verschiedenen tagespolitischen Einzelthemen als Schwerpunkte heraus. Bei seiner Konzeption war der Stabsleiter um eine über die eigentlichen Stabsmitarbeiter hinausgehende wissenschaftliche Expertise bemüht. Dies zeigte sich in der Einrichtung eines sozialwissenschaftlich geprägten Sachverständigengremiums und eines Kaminkreises, bei dessen Mitgliedern es sich größtenteils um prominente Wissenschaftler aller Fachrichtungen handelte.[92]

Die Entscheidung, an zentraler Stelle der Regierung einen Planungsstab einzurichten, lässt sich über den im Kanzleramt vorherrschenden Wunsch erklären, wieder vermehrt Einfluss auf die Ressortarbeit in den einzelnen Bundesministerien zu erhalten. Die seit Beginn der sechziger Jahre existierende Tendenz zu einem gesteigerten Ressortpartikularismus innerhalb der Regierung war bereits während der Regierungszeit Ludwig Erhards deutlich zutage

---

[90]   Vgl. Bebermeyer, Regieren ohne Management?, ebd., S. 26f.

[91]   Vgl. Knoll, Thomas, Das Bonner Bundeskanzleramt, Organisation und Funktionen von 1949-1999, Wiesbaden 2004, S.157.

[92]   Zu den Teilnehmern gehörten unter Anderen der Historiker Waldemar Besson, der Ökonom Alfred Müller-Armack, der Präsident der EG-Kommission Walter Hallstein, der Physiker Carl Friedrich von Weizsäcker sowie Ralf Dahrendorf, vgl. Süß, „Wer aber denkt...?", ebd., S.354f.

getreten.[93] Hatte unter Konrad Adenauer noch dessen Staatssekretär im Bundeskanzleramt Hans Globke mittels eines auf persönlichen Kontakten fußenden Systems die Funktion des Amtes als Schaltzentrale geprägt, ließ dies unter seinen Nachfolgern deutlich nach. Das von Globke auf Kanzler Adenauer zugeschnittene System war im wahrsten Sinne ein „Apparat konventionellen altpreußischen Musters"[94], der in seiner Sekretariatsfunktion den Ansprüchen einer zunehmend komplexer werdenden Umwelt nicht mehr gerecht werden konnte. Ähnlich wie auf dem Gebiet der Wirtschaftspolitik, in der Planung erst durch die Rezession der Jahre 1966/67 zum Erfolg kommen konnte, erklärt sich das Planungsinteresse im Bundeskanzleramt ebenfalls durch ein Krisensymptom. Vor dem Hintergrund des zunehmend als defizitär empfunden Regierungssystems der Bonner Republik zog politische Planung als „Tochter der Krise"[95] in das Bundeskanzleramt ein und nicht als Ausdruck von „steuerungsoptimistischen Machbarkeitsvorstellungen"[96]. Der in der Großen Koalition existierende Reformwille, der besonders auf Seiten der Sozialdemokraten stark ausgeprägt war, fand seinen Ausdruck auch in der 1968 gegründeten Projektgruppe „Regierungs- und Verwaltungsreform". Basierend auf der Arbeit einer SPD-internen Studiengruppe unter Leitung des damaligen Staatssekretärs im Justizministerium Horst Ehmke, sollten hier Vorschläge für eine grundlegende Reform von Regierung und Verwaltung auf der Basis moderner Planungs- und Führungstechniken erarbeitet werden. Im August 1969 legte die Projektgruppe einen ersten Zwischenbericht vor. Dieser enthielt mit der Ernennung von Planungsbeauftragten in den einzelnen Bundesministerien, einem grundlegenden Ausbau der Planungskompetenzen im Bundeskanzleramt und einer Ausweitung der Datenverarbeitungsmöglichkeiten in einer erweiterten Planungsabteilung bereits die zentralen Elemente der organisatorischen Konzeption, die nach dem Regierungswechsel verfolgt werden sollte.[97]

---

93   Vgl. ebd., S.352f.

94   Vgl. „Kanzleramt: Aus zweiter Hand", in: Der Spiegel, 24/1966, vom 06.06.1966.

95   Vgl. Kaiser, Joseph H., Vorwort, in: Ders. (Hrsg.), Planung III, Mittel und Methoden planender Verwaltung, Baden-Baden 1968, S.7.

96   Vgl. Süß, „Wer aber denkt...?", ebd., S.353.

97   Zur Rolle der Projektgruppe Regierungs- und Verwaltungsreform vgl. Süß, Winfried, „Rationale Politik" durch sozialwissenschaftliche Beratung? Die Projektgruppe Regierungs- und Verwaltungsreform 1966-1975, in: Fisch, Stefan/Rudloff, Wilfried (Hrsg.), Experten und Po-

Im Bundeskanzleramt Kurt Georg Kiesingers wollte man zunächst durch die Schaffung einer zentralen Planungsstelle Informationen aus den einzelnen Ressorts und Fachgebieten sammeln und bündeln. Durch die Einführung solcher koordinierender Maßnahmen hoffte man, zu einer Rationalisierung der Regierungsarbeit beizutragen. Allerdings blieb das für diese Aufgabe fundamentale Vorhaben einer zentralen Verortung der Planungsabteilung im System der unterschiedlichen Einzelressorts bereits in den Kinderschuhen stecken und kam nicht in der Praxis an. Als Gründe für dieses Scheitern können zwei zentrale Aspekte angeführt werden. Einerseits verlor Kanzler Kiesinger schnell das Interesse an seinem Planungsstab und machte politische Grundsatzentscheidungen weniger von den planerischen Vorlagen seines Hauses als vielmehr von informellen Gesprächen in den Koalitionsgremien und den Fraktionen abhängig. Diese Form des „government by discussion"[98], das für das Regierungshandeln in der Großen Koalition prägend war, führte andererseits zu einer Abkopplung der Planungsabteilung vom operativen Geschäft der politischen Entscheidungsvorbereitung.[99] Diese Situation wurde dadurch verschärft, dass von Seiten der Planungsabteilung entwickelte Konzepte bezüglich einer Verortung im Gefüge von Regierung und Ministerien nicht umgesetzt wurden. Dieser Zwischenstatus des Planungsstabes dürfte der Hauptgrund dafür gewesen sein, dass die übrigen Fachabteilungen des Bundeskanzleramtes und die einzelnen Ressorts in den Ministerien nur unzureichend mit dem neu geschaffenen Stab kooperierten und systematisch wichtige Informationen zurückhielten. Auf diese Weise hofften beide Gruppen, einer Einflussnahme und einem damit einhergehenden Bedeutungsverlust zugunsten des Planungsstabes entgegenzutreten.[100]

Am Ende der Legislaturperiode sah sich das Bundeskanzleramt mit den gleichen Vorwürfen konfrontiert wie zu Beginn der Großen Koalition. Fehlende Aufgabenplanung, mangelnde Wahrnehmung der Koordinierungsfunktion sowie unzureichende Information über die Tätigkeit der einzelnen Ressorts

litik: Wissenschaftliche Politikberatung in geschichtlicher Perspektive, Berlin 2004, S.329-348; sowie Bebermeyer, Regieren ohne Management?, ebd., S.36-38.
[98] Vgl. Hildebrandt, Von Erhard zur Großen Koalition 1963-1969, ebd., S.268.
[99] Vgl. Süß, „Wer aber denkt...?", ebd., S.356.
[100] Vgl. Bebermeyer, Regieren ohne Management? ebd., S.31.

waren die zentralen Kritikpunkte, mit denen sich die Hausleitung auseinandersetzen musste. Im Übergang zur sozialliberalen Koalition bestand das Planungssystem des Bundes aus drei rudimentären Teilsystemen, zwischen denen kaum Berührungspunkte existierten: die unter dem Begriff der Globalsteuerung zusammengefasste gesamtwirtschaftliche Rahmenplanung, die mittelfristige Finanzplanung sowie die Fachplanungen einiger Bundesressorts.[101] Der Planungsstab, der ursprünglich seine Arbeit mit dem Anspruch aufgenommen hatte, eine Planungszentrale zu werden, hatte auf diese Bereiche keinen direkten Einfluss.[102]

---

[101] Bei den Fachplanungen in den einzelnen Ressorts waren es vor allem der Verteidigungs-, der Verkehrs- und der Bildungsbereich, die während der Regierungszeit der Großen Koalition mit der Entwicklung von eigenständigen Langfristplanungen begannen, vgl. Schatz, Heribert, Das politische Planungssystem des Bundes – Idee, Entwicklung, Stand, in: Pfohl, Hans-Christian/Rürup, Bert (Hrsg.), Anwendungsprobleme moderner Planungs- und Entscheidungstechniken, Königsstein/Ts. 1978, S. 241-257, hier: S. 243-246.

[102] Vgl. Süß, „Wer aber denkt...?", ebd., S.357.

III. Politische Planung bei Horst Ehmke und Reimut Jochimsen

Die Idee von der grundsätzlichen Möglichkeit der Steuerung wirtschaftlicher, politischer aber auch sozialer Entwicklungen hatte, wie am Beispiel Karl Schillers im ersten Kapitel dieses Buches gezeigt, gerade in der bundesdeutschen Sozialdemokratie zahlreiche Anhänger. Damit aufs Engste verbunden lässt sich innerhalb der SPD im Verlauf der sechziger Jahre ein grundsätzlicher Wandel der politischen Werteorientierung konstatieren. Die Sozialdemokratie forcierte den mit dem Godesberger Programm eingeleiteten Wandel zur Volkspartei konsequent und gerierte sich als moderne und vor allem pragmatisch denkende und handelnde Partei, die bereit war, Regierungsverantwortung zu übernehmen. Die SPD wurde zur „Partei der optimistischen Technokratie"[103], zur Partei, die davon überzeugt war, das Land auf der Basis von Wissenschaftlichkeit und Rationalität in die Zukunft zu führen. Diese Geisteshaltung war es, die zu den Wahlerfolgen, gerade in den neuen Mittelschichten, führte.[104] Im Zuge dieses Paradigmenwechsels wurde die in den sechziger Jahren angestoßene Diskussion über moderne Politik, Planbarkeit und Rationalität auch innerparteilich, insbesondere in der zweiten Hälfte des Jahrzehnts, als die Partei bereits in der Großen Koalition Regierungsverantwortung übernommen hatte, entsprechend rezipiert. So wurde in Diskussionszirkeln, auf Parteitagen und in Veröffentlichungen die Frage diskutiert, wie das bestehende System, dessen Modernisierungsbedarf zu keinem Zeitpunkt in Frage gestellt wurde, den eigenen Vorstellungen nach verändert werden könnte.

Im Hinblick auf diese Entwicklung sollen im zweiten Kapitel die Beiträge, die die zentralen Akteure von politischer Planung im Bundeskanzleramt nach dem Machtwechsel, Horst Ehmke und Reimut Jochimsen, zu dieser Debatte beisteuerten, untersucht werden. In einem ersten Schritt werden dabei die

---

[103] Vgl. Lösche, Peter/Walter, Franz, Die SPD, Klassenpartei, Volkspartei, Quotenpartei, Darmstadt 1992, S.117.
[104] Vgl. ebd., S.116f.

Grundlagen ihrer theoretischen Konzeption und ihres Politikverständnisses betrachtet. In einem zweiten Schritt wird dann auf ihre konkreten Vorstellungen von den Möglichkeiten politischer Planung eingegangen. Auf diese Weise sollen die gedanklichen Grundlagen der Planungskonzeption, wie sie nach der Bildung der ersten sozialliberalen Koalition im Bundeskanzleramt verfolgt wurde, verdeutlicht werden.

III.1 Die Notwendigkeit rationaler Politik in der modernen Gesellschaft

Als Horst Ehmke zu Jahresbeginn 1967 sein Amt als Staatssekretär im Bundesjustizministerium bei Gustav Heinemann antrat, war der Dekan der Rechts- und Staatswissenschaftlichen Fakultät der Universität Freiburg parteipolitisch ein weitgehend unbeschriebenes Blatt. Doch sollte sich Ehmke von nun an als eifriger Diskutant und Programmatiker auch weit außerhalb seines eigentlichen Zuständigkeitsbereichs profilieren. So war er einer der Urheber der „Strategie des begrenzten Konflikts"[105] mit dem Koalitionspartner CDU/CSU und Initiator sowie Herausgeber der „Perspektiven"[106], dem Zukunftsprogramm der SPD, auf das noch näher einzugehen sein wird.

Mit seinem Wechsel in das Bonner Ministerium begann sich Horst Ehmke als gesellschaftlicher Analytiker und vehementer Befürworter einer Modernisierung von Staat, Regierung und Verwaltung zu profilieren. Er passte mit seiner wissenschaftlichen Fundierung und seinem pragmatischen Anspruch an politisches Handeln somit ganz in das Profil der sich wandelnden SPD. Für Ehmke waren Faktoren wie wachsender Extremismus, sichtbar an den Wahlerfolgen der NPD in der zweiten Hälfte der sechziger Jahre, die beginnenden Studentenproteste, aber auch Phänomene wie Abstinenz vom politischen Prozess ein Indiz dafür, dass es der Gesellschaft und ihrer Organisation noch nicht gelungen war, die sich aufdrängenden Probleme zu lösen. Hierin wird eine

---

[105]   Zentrale Absicht der „Strategie des begrenzten Konflikts" war es, die Meinungsverschiedenheiten innerhalb der Koalition offenzulegen, um so die Führungsschwäche des Bundeskanzlers zu demonstrieren. Vgl. Knorr, Heribert, Der parlamentarische Entscheidungsprozess während der Großen Koalition 1966 bis 1969: Struktur und Einfluss der Koalitionsfraktionen und ihr Verhältnis zur Regierung der Großen Koalition, Hain 1975, S.147.

[106]   Vgl. Ehmke, Horst (Hrsg.), Perspektiven, Sozialdemokratische Politik im Übergang zu den siebziger Jahren, Reinbek bei Hamburg 1969.

zentrale Grundhaltung in der politisch-reformerischen Konzeption Horst Ehmkes deutlich: In seinen Augen war es unumgänglich, zuerst den Staat, der von
ihm in vielen Bereichen als ein anachronistisches Gebilde betrachtet wurde, zu
reformieren und zu modernisieren. Erst darauf aufbauend konnte man ihm zu-
folge damit beginnen, gesellschaftliche und politische Reformen umzusetzen,
sei es in Bereichen der Mitbestimmung, der Mitverantwortung oder der Transparenz des politischen Systems.[107]

Im Gegensatz zu Horst Ehmke hatte sich Reimut Jochimsen einen stark
theoretischen Zugang zu politischer Planung und zu Politik im Allgemeinen
bewahrt. Was die beiden Professoren dagegen einte, war die Vorstellung, dass
es die wichtigste Aufgabe der SPD sein würde, die Modernisierung des Staates
voranzutreiben. Dabei wurde allerdings von Jochimsen angezweifelt, dass die
Partei für diese großen Aufgaben überhaupt gewappnet sei. So war die Sozialdemokratie der späten sechziger Jahre in seinen Augen nicht mehr in der Lage,
eine greifbare Vision der zukünftigen Gesellschaftsentwicklung zu skizzieren.
Im Bezug auf Robert Jungk, der ja der Gesellschaft eine „Lähmung der sozialen Phantasie"[108] diagnostiziert hatte, attestierte Jochimsen der SPD die Unfähigkeit, die schöpferische Phantasie der Menschen zu beflügeln. „An die Stelle
der Utopie ist das Pragma getreten", so Jochimsen, „Politik sind beide
nicht."[109] Die große Aufgabe der Sozialdemokratie sei es nun durch die Aufstellung eines zukunftsweisenden politischen Programms diesem Dilemma zu
entfliehen. Nur auf diese Weise könne man den existierenden und kommenden
Anforderungen an die Politik gerecht werden.[110] In der von Jochimsen entwickelten Konzeption von politischer Planung, auf die noch näher eingegangen
wird, wird der besondere Bezug auf die Vorstellungen Karl Schillers deutlich.
So hatte offensichtlich die Praxis der Globalsteuerung mit ihren integrativen
Momenten eine nachhaltige Wirkung auf sein Planungsverständnis ausgeübt.

---

[107] Vgl. Ehmke, Horst, Sozialdemokratische Perspektiven, Nicht hinter Godesberg zurück, son-
        dern über Godesberg hinaus, in: Neue Gesellschaft 6/1968, S.485-490
[108] Vgl. Anmerkung 44, S.26.
[109] Vgl. Jochimsen, Reimut, Die Zukunft sozialdemokratischer Wirtschafts- und Gesellschafts-
        politik, in: Neue Gesellschaft, Sonderheft zum Parteitag der SPD in Nürnberg, März 1968,
        S.12-20, hier: S.12.
[110] Vgl. ebd.

III.1.1 Politische Planung als Ausdruck des modernen Regierens

„Die Folgen der Vergangenheit zu tragen, dabei die Gegenwart zu bestehen, und aus dem Ungenügen der Gegenwart die Zukunft zu planen – diese dreifache Last ist dem denkenden Menschen auferlegt."[111] Dieser von Horst Ehmke den „Perspektiven" vorangestellte Satz zeugt von der sich ausbreitenden Wahrnehmung, dass die gesellschaftliche Entwicklung in den sechziger Jahren von einer wachsenden Kompliziertheit gekennzeichnet sei. So wurde die Frage nach einer Reform des Regierungsapparates, die dieser Entwicklung in angemessener Weise Rechnung tragen sollte, seit Mitte des Jahrzehnts mit zunehmendem Nachdruck gestellt. Horst Ehmke ging dabei von der Annahme aus, dass die zunehmende gesellschaftliche Differenzierung in immer mehr, relativ autonome Teilbereiche auch in der Struktur des Regierungsapparates wiederzufinden sein müsste. Diesem Gedankengang folgend kam der Politik nun die Aufgabe zu, die Voraussetzungen für diese Differenzierungen zu sichern, gleichzeitig aber auch den damit verbundenen und einhergehenden Strukturwandel der Gesellschaft zu steuern. Ehmke war sich der Schwierigkeit dieser Forderung durchaus bewusst. Auf dem im Jahr 1968 in Nürnberg abgehaltenen Parteitag der SPD formulierte er in einem Referat seine Anforderungen an moderne Politik. Aufgabe von demokratischer Politik musste in seinen Augen zunächst „die Aufdeckung der Probleme, die Artikulierung des Möglichen, politische Führung, Aktion statt Reaktion"[112] sein. Die größte Herausforderung moderner, demokratischer Politik in einer von zunehmenden komplexen Bedingungen und Interdependenzen gekennzeichneten Industriegesellschaft sah er folglich in ihrer eigenen Befähigung zu einer zukunftsgestaltenden Perspektive. Eine solche Befähigung erfordere „den systematischen und umfassenden Vergleich von Planungsalternativen im Hinblick auf ihren Nutzeffekt, ihre Kosten und ihre Fernwirkung in anderen Sektoren. Eine solche umfassend informierte Planung der Zukunft (und nur sie kann heute noch verantwortet wer-

---

[111]   Vgl. Ehmke, Horst, Vorwort zu den Perspektiven, in: Ders. (Hrsg.), Perspektiven, Sozialdemokratische Politik im Übergang zu den siebziger Jahren, ebd., S.7.

[112]   Vgl. Ehmke, Horst, „Die Generation, auf die wir gewartet haben", Referat auf dem SPD-Parteitag in Nürnberg am 19.03.1968, abgedruckt in: „Der Monat", Heft 235/1968, S.5-15, hier: S.13.

den) setzt aber den Einsatz der modernsten Techniken der Informationssammlung und Informationsverarbeitung unter Einschluß der elektronischen Datenverarbeitung voraus."[113] Der Rückstand der Bundesrepublik im Bereich der In-
formationstechnologie und der politischen Planung war für Ehmke nicht weiter
hinnehmbar. Man müsse sich, so Ehmke, bei der Einführung moderner, wissenschaftlich fundierter Planungsmethoden allerdings auch eines grundsätzlichen Dilemmas bewusst werden. Durch die Einführung modernster Planungstechniken laufe man stets Gefahr, eine Technokratie der Planungsexperten zu
etablieren. Eine solche Herrschaft der Experten sei bestenfalls teilweise durch
ihren wissenschaftlichen Sachverstand legitimiert. In Anlehnung an Helmut
Schelsky formulierte er pessimistisch, dass demokratische Politik sich selbst
vollends zu entmachten drohe, gerade indem sie sich der hochpolitischen und
notwendigen Aufgabe der planenden Zukunftsgestaltung zuwende.[114]

Die Gefahr einer solchen Expertokratie wurde von Reimut Jochimsen
grundsätzlich anders bewertet. Er erkannte zwar die von Ehmke mit dem offensichtlichen Verweis auf Schelsky formulierte Gefährdung demokratischer
Politik an, relativierte aber das von ihr ausgehende Bedrohungspotenzial post-
wendend. Im Bereich der politischen Planung erkannte er zwei sich diametral
gegenüberstehende Prinzipien: auf der einen Seite ein Modell der totalen zentralen Koordination, auf der anderen eines der umfassenden dezentralen Koordination. Anders als Ehmke sprach Jochimsen der Vorstellung eines von Experten dominierten, zentralisierten Systems jegliche Praxistauglichkeit ab. Ein
System, das auf „der Figur des wohlmeinenden, zentralen politischen Mannes
[…], der sich beraten läßt"[115] basierte, war in seinen Augen nicht durchsetzbar.
Politik würde auf diese Weise auf „eine Serie großer Grundsatzentscheidungen
ohne eine Realisierungschance, weil ohne Durchsetzungsorientierung"[116] reduziert. Für ihn könne eine solche Konstruktion, selbst wenn sie eingeführt wer-

---

[113] Vgl. ebd.
[114] Vgl. ebd.
[115] Vgl. Jochimsen, Reimut, Zum Aufbau und Ausbau eines integrierten Aufgabenplanungssys-
       tems und Koordinationssystems der Bundesregierung, in: Bulletin des Presse und Informati-
       onsamtes der Bundesregierung Nr. 97 vom 16.07.1970, S.949-957, hier: S.951.
[116] Vgl. ebd.

den würde, nicht funktionieren.[117] Was Jochimsen viel mehr als solche demokratietheoretischen Vorbehalte beschäftigte, war die Frage der Vermittelbarkeit einer wissenschaftlich fundierten, und damit auch zwangsläufig kompli-
zierteren Politik. Denn auch in einem System der umfassenden dezentralen
Koordination würde der Einfluss der Wissenschaft auf die Politik spürbar werden. Mit einem Rückgriff auf das Anliegen früher Sozialisten merkte er an,
dass aus diesem Grund die Befriedigung des „Bildungsdranges der Massen"
wieder zur zentralen Aufgabe der Sozialdemokratie werden müsse. Nur so
könnten die Menschen in die Lage versetzt werden, eine komplizierter werdende Umwelt zu beherrschen und somit auch eine notwendigerweise komplizierter werdende Politik zu verstehen.[118]

Einen möglichen Ausweg aus diesem Dilemma zwischen unkoordinierter
Politik, Sachzwängen und Technokratie hoffte die SPD in einer auf Anregung
Willy Brandts geschaffenen Arbeitsgruppe zu finden. Unter der Leitung von
Horst Ehmke sollte dieser Anfang des Jahres 1967 gegründete so genannte Re-
organisationsausschuß des Parteivorstandes grundsätzliche Anforderungen an
eine Neuordnung des Regierungs- und Verwaltungsapparates ausarbeiten.[119]
Im Laufe des Jahres 1968 kristallisierte sich letztendlich die Meinung heraus,
dass die interne Arbeit der Gruppe auch in die laufende Arbeit der Großen Koalition einfließen müsse. Auf diese Weise hoffte Ehmke, dass sich die SPD in
Vorbereitung der anstehenden Bundestagswahlen als „Schrittmacher einer [...]
wissenschaftlichen Vorbereitung einer Modernisierung des Bonner Regierungsapparates"[120] profilieren könne. Auf sein Drängen hin brachte Willy
Brandt schließlich den Vorschlag in das Bundeskabinett ein, sich mit einer umfassenden Regierungs- und Verwaltungsreform zu beschäftigen. Von der Befürchtung geleitet, dass der Koalitionspartner bei den anstehenden Wahlen das
Reformthema zu stark zu seinen Gunsten instrumentalisieren könne, stimmte

---

[117]   Vgl. ebd.
[118]   Vgl. Jochimsen, Die Zukunft sozialdemokratischer Wirtschafts- und Gesellschaftspolitik,
        ebd., S.12f.
[119]   Vgl. Vermerk Horst Ehmkes an die Mitglieder der Reorganisations-Kommission und nach-
        richtlich an Willy Brandt, Herbert Wehner, Helmut Schmidt, Alfred Nau und Fritz Scharpf
        am 01.08.1967, in: Dep. Horst Ehmke,1/HEAA000272, Archiv der sozialen Demokratie der
        Friedrich-Ebert-Stiftung (AdsD) Bonn.
[120]   Vgl. ebd.

Kanzler Kiesinger schließlich der Schaffung einer Projektgruppe Regierungs-
und Verwaltungsreform zu.[121]

Die Ergebnisse der SPD-internen Arbeitsgruppe fanden ihren Nieder-
schlag neben dieser offiziellen Projektgruppe auch in den im Januar 1968 vom
Parteivorstand beratenen und schließlich zur öffentlichen Diskussion gestellten
‚Sozialdemokratischen Perspektiven im Übergang zu den siebziger Jahren'.[122]
Um die notwendige politische Planung, die für die Lösung der Zukunftsaufga-
ben der Gesellschaft als unersetzlich eingeschätzt wurde, effektiv zu verankern, so resümierte Ehmke in seinen Kommentaren zu den Perspektiven, sei
die Entwicklung eines kooperativen Föderalismus sowie einer durchgreifenden
Modernisierung und Rationalisierung des Regierungs- und Verwaltungsapparates unumgänglich. Eine solche Reformierung müsste mit der Einführung
moderner Informations-, Planungs- und Führungsmethoden verbunden werden.
Auf diese Weise sollte für „die Steigerung der Wirksamkeit der politischen
Führung durch Bundeskanzler und Bundesregierung und für die Steigerung der
Wirksamkeit der politischen Kontrolle der Minister über die Arbeit ihres Res-
sort"[123] gesorgt werden. Dabei war es in den Augen Ehmkes von großer Wichtigkeit, dass die Zusammenarbeit innerhalb und zwischen den Ministerien einfacher und objektiver gestaltet würde. Dies war nur zu erreichen, wenn die Fähigkeit zur Planung und Führung gegenüber klassischen Verwaltungstätigkei-
ten mehr Gewicht erhalte.[124] Durch eine grundsätzliche Aufwertung demokratischer Strukturen sollten in den Konzeptionen Ehmkes und Jochimsens Planung und damit verbundene politische Entscheidungen, auf eine legitimierte
Basis gestellt werden. Auf der einen Seite mussten in ihren Augen dazu die
Befugnisse des Parlaments als dem zentralen Entscheidungsgremium gestärkt,
auf der anderen Seite aber auch das Kabinettsprinzip stärker herausgestellt
werden. Das Parlament müsse in die Lage versetzt werden, aktiv an Planungsvorhaben teilzunehmen und diese nicht allein der Exekutive überlassen, so Jochimsen in seinen Ausführungen über die Schaffung eines Bundesentwick-

---

[121] Vgl. Süß, „Rationale Politik" durch sozialwissenschaftliche Beratung?, ebd., S.333f.
[122] Vgl. den veröffentlichten Abschlussbericht der Arbeitsgruppe: Ehmke, Perspektiven, Sozial-
       demokratische Politik im Übergang zu den siebziger Jahren, ebd.
[123] Vgl. ebd., S.154.
[124] Vgl. ebd.

lungsplans. Geschehe dies nicht, könne das Parlament weiterhin lediglich über die Haushaltsberatung Einfluss auf die Planungsvorhaben der Regierung nehmen. Für Jochimsen stand zu befürchten, „daß die demokratischen Institutionen zur Bedeutungslosigkeit herabsinken und nur noch Mechanismen zur Wahl von Mitgliedern der Exekutive sind, die ohne Einfluß auf die wesentlichen Prioritätsentscheidungen bleiben."[125] Horst Ehmke hatte im Bezug auf diese Thematik bereits zu Beginn der sechziger Jahre angemerkt, dass es unverzichtbar sei, sich über die Führungs-, Koordinierungs- und Lenkungsfunktionen des Parlaments Gedanken zu machen und die Verantwortung für Herrschaft klar zu verteilen.[126] In seinen späteren Ausführungen wird eine intensive Beschäftigung mit diesem Themenkomplex deutlich. So konkretisierte und änderte Ehmke seine Forderungen dahingehend, dass an erster Stelle Kabinett und die Minister von allen Nebentätigkeiten radikal entlastet werden müssten. Die Aufgabe von Politikern sei es nicht zu verwalten, sondern Alternativen zu formulieren und sich zwischen ihnen zu entscheiden. Überdies müsste die Initiativ- und Kontrollfunktion des Parlaments gegenüber Regierung und Verwaltung gestärkt werden, was wiederum eine Entlastung des Parlaments von Detailarbeit voraussetze. Hier sei zu prüfen, ob Aufgaben des Parlaments und der Regierung nicht auf die Verwaltung oder auf zu schaffende Sonderbehörden übertragen werden könnten, die so strukturiert sein müssten, dass betroffene Bürger und Gruppen sich aktiv in den politischen Prozess einbringen könnten.[127] Im letzten Punkt kommt eine grundsätzliche Erwartungshaltung zum Ausdruck, die besonders von sozialdemokratischer Seite dem Instrument der politischen Planung entgegengebracht wurde: die Hoffnung auf eine Verbesserung des demokratischen Prozesses. Das beschriebene Dilemma, dass Planung Gefahr laufen würde, durch die ihr innewohnenden technokratischen Elemente demokratische Politik in ihrer Substanz zu bedrohen, wurde auf diese Weise ins Gegenteil verkehrt.

---

[125]   Vgl. Jochimsen, Reimut, Für einen Bundesentwicklungsplan, Zur Forderung der SPD nach einem langfristigen Orientierungsrahmen für die Handlungspläne der Regierung, in: Neue Gesellschaft 16/1969, S.237-242, hier: S.241.

[126]   Vgl. Ehmke, Horst, „Staat" und „Gesellschaft" als verfassungstheoretisches Problem, Antrittsvorlesung an der Universität Bonn am 28.07.1960, abgedruckt in: Ders., Politik der praktischen Vernunft, Frankfurt am Main 1969, S.38-63 , hier S.62.

[127]   Vgl. Ehmke, Generation, ebd., S.13f.

III.1.2 Politische Planung als Instrument der Freiheitssicherung und der Partizipation

Eine größere individuelle Freiheit und mehr Partizipationsmöglichkeiten auf der politischen und gesellschaftlichen Ebene, kurz die Expansion des demokratischen Spielraums, waren zentrale Bestandteile der an politische Planung gestellten Ansprüche. Besonders Reimut Jochimsen sah eine zentrale Aufgabe von politischer Planung im Bereich der Freiheitssicherung. Der Gegensatz zwischen Planung und Freiheit, wie er noch bis Mitte der sechziger Jahre formuliert worden war, wurde hiermit negiert. Freiheit durch Planung lautete die neue Devise, „die Planwirtschaft ist tot, es lebe die Plänewirtschaft"[128] bekräftigte Jochimsen euphorisch, denn staatliches Handeln, das ohne Planung erfolge, würde in einer freiheitlichen Demokratie zwangsläufig zur Unfreiheit der Bürger führen.[129] Der Gegensatz zwischen Planung und Freiheit sei durch die Erkenntnis aufgehoben worden, bemerkte Jochimsen, „daß eine Gesellschaft des permanenten Wandels wie die unsere, Freiheit für den einzelnen Bürger nur noch dann gewährleisten und schaffen kann, wenn diese Freiheit ständig neu durchdacht und im permanenten Wandel der sie bestimmenden Bedingungen stets neu gesichert wird. Freiheitssicherung und Freiheitsmehrung bedarf heute einer langfristigen Planung. Freiheit ist nicht nur als ein individuelles Gut des Einzelnen zu verstehen, sie hat einen starken sozialen Bezug. Ohne ein Mindestmaß an wirtschaftlicher und sozialer Unabhängigkeit, ohne einigermaßen gesicherte Chancengleichheit in der Ausbildung und auf dem Arbeitsmarkt etwa ist Freiheit für den Einzelnen nicht zu verwirklichen"[130], so Jochimsen weiter. Es sei nun Aufgabe des Staates, die praktisch-organisatorischen Vorkehrungen für die Verwirklichung einer solchen „Gesellschaft der Freien und Gleichen"[131] zu schaffen.

Ein weiterer Aspekt des Freiheitsbegriffs kommt in der Frage der Partizipation und Transparenz des politischen Prozesses zum Ausdruck. In Bezug auf

---

[128] Vgl. Jochimsen, Bundesentwicklungsplan, ebd., S.237.
[129] Vgl. Jochimsen, Reimut, Vorwort, in: Kettenbach, Hans Werner, Der lange Marsch der Bundesrepublik, Düsseldorf/Wien 1971, S.7-16, hier: S.10.
[130] Vgl. ebd., S.11.
[131] Vgl. Jochimsen, Die Zukunft sozialdemokratischer Wirtschafts- und Gesellschaftspolitik, ebd., S.19.

das von Jürgen Habermas entwickelte „pragmatische Modell"[132] formulierte Horst Ehmke die Forderung nach Aufwertung der Kommunikation und Information im kritischen Wechselverhältnis zwischen Politik, Wissenschaft und Öffentlichkeit. Demnach müssten Regierungen und Parlamente ihre Informationspolitik sowohl gegenüber dem Bürger, aber auch untereinander verbessern.[133] Denn nur so könne „dem Bürger durch Möglichkeiten freier Selbstverwaltung das Gefühl der Undurchschaubarkeit der politischen Prozesse und der Ohnmacht ihnen gegenüber genommen werden."[134] Ausgehend von dieser Erkenntnis, forderte Ehmke eine verstärkte Kommunikation auf allen Ebenen, nicht nur zwischen Politik und Öffentlichkeit, sondern auch innerhalb des Regierungsapparates und im Austausch mit der Wissenschaft. Das Prinzip der Mitbestimmung wurde in diesem Kontext zu einem zentralen Element für moderne Planungsverfahren.[135] Ehmke ging sogar soweit, zu formulieren, dass der Gedanke der Mitbestimmung „zum zentralen Gedanken der Gestaltung unserer industriellen Gesellschaft"[136] werden müsse. In diesen Aussagen wird die Hoffnung deutlich, dass durch die Einführung neuer Planungselemente und die Reorganisation des Regierungsapparates die Transparenz des politischen Prozesses fundamental verbessert werden könnte.

---

[132]   Das Habermas'sche Modell überbrückt nicht nur, im Gegensatz zur Sachzwang-Theorie Schelskys und der Vorstellung von der grundlegenden Trennung in eine wissenschaftliche und eine politische Sphäre, diese Differenz. Vielmehr fordert es „ein kritisches Wechselverhältnis, das eine ideologisch gestützte Ausübung von Herrschaft nicht etwa nur einer unzuverlässigen Legitimationsbasis entkleidet, sondern im ganzen der wissenschaftlich angeleiteten Diskussion zugänglich macht und dadurch substanziell verändert. Weder ist der Fachmann, wie es im technokratischen Modell vorgestellt wird, souverän geworden gegenüber den Politikern, die faktisch dem Sachzwang unterworfen sind und nur noch fiktiv entscheiden; noch behalten die, wie das dezisionistische Modell unterstellt, außerhalb der zwingenden rationalisierten Bereiche der Praxis ein Reservat, in dem praktische Fragen nach wie vor durch Willensakte entschieden werden müssen." Vgl. Habermas, Jürgen, Verwissenschaftliche Politik und öffentliche Meinung, in: Ders., Technik und Wissenschaft als Ideologie, Frankfurt am Main 1969, S.120-145, zit. nach: Metzler, Konzeptionen, ebd., S.203f.

[133]   Vgl. Ehmke, Perspektiven, Sozialdemokratische Politik im Übergang zu den siebziger Jahren, ebd., S.76.

[134]   Vgl. Ehmke, Generation, ebd., S.14.

[135]   Ehmke, Sozialdemokratische Perspektiven, Nicht hinter Godesberg zurück, sondern über Godesberg hinaus, ebd., S.489.

[136]   Vgl. Ehmke, Generation, ebd., S.14.

Durch die konsequente Betonung des Freiheitsbegriffs und von Elementen der Partizipation sowie durch die beabsichtigte Stärkung von Kabinett und Parlament offenbarten die beiden zukünftigen Chefplaner der Bundesregierung bereits vor dem Machtwechsel von 1969 ein Politikverständnis, das der sozialliberalen Regierung unter Kanzler Brandt an sich inhärent sein sollte. Mit ihrer Planungskonzeption schufen sie den Brückenschlag zwischen liberaler, und damit traditionell eher planungskritischer Denkweise und den optimistischen Machbarkeitsfantasien sozialdemokratischer Provenienz. Dies gelang ihnen durch die Einbeziehung und Verknüpfung des Planungsbegriffs mit der individuellen Freiheit jedes Einzelnen. Politische Planung wurde so zur individuellen Freiheitsvoraussetzung. Diese Geisteshaltung spiegelte sich auch in der Vorstellung von der direkten Teilhabe am politischen Prozess wider, zwar zunächst nur innerhalb der Regierung in der Aufwertung von Kabinett und Parlament als Entscheidungsgremien, aber auch in der langfristigen Vorstellung von der direkten Partizipation der Bürger. Dass diese Vorstellungen in gewisser Weise auch ein Zugeständnis an die protestierenden Studenten und ihre Forderungen nach mehr Mitbestimmung und Teilhabe war, ist bei den engen Verbindungen der beiden Professoren zu den Hochschulen und vor allem zu den Jungsozialisten sehr wahrscheinlich.[137] Gleichzeitig gingen ihre Konzeptionen aber über pure Zugeständnisse deutlich hinaus. Sie bündelten vielmehr die planungs- und staatstheoretischen Diskussionen der sechziger Jahre mit dem Anspruch, das Regieren und die Demokratie an sich zu modernisieren.[138]

---

[137] Ein Indiz für die Bedeutung von 1968 in ihrer Planungskonzeption ist vor allem das Referat Ehmkes auf dem Nürnberger Parteitag 1968 unter dem Titel ‚Die Generation auf die wir gewartet haben', in dem er sein grundlegendes Verständnis für die demonstrierende Jugend und für ihre Forderungen an den Tag legte. Darüber hinaus fanden auch zwischen 1969 und 1973 regelmäßige Treffen zwischen Ehmke, Jochimsen und der Juso-Führung statt, in denen aktuelle politische Entwicklungen erörtert wurden. Vgl. Rede Horst Ehmkes am 04.02.1987, in: Sammlung Horst Ehmke, Archiv beim SPD-Parteivorstand im Willy-Brandt-Haus Berlin; sowie Ehmke, Mittendrin, ebd., S.171.

[138] Vgl. hierzu auch Metzler, Konzeptionen, ebd., S.357f.

III.2 „Wollt ihr das moderne Deutschland?"[139] Ideen für die Zukunft

In einer Gesellschaft, die durch sich erhöhende sektorale, berufliche und räumliche Mobilität, wachsende Differenzierung der sozioökonomischen Strukturen und Funktionen sowie zunehmende Interdependenzen gekennzeichnet war, versagten nach Meinung von Horst Ehmke und Reimut Jochimsen die klassischen politischen Instrumentarien und traditionellen Denkweisen. Die Überlegungen beider Männer drehten sich um Fragen der Modernisierung von Regierung und Verwaltung, individueller Freiheitssicherung und Partizipation. Welche konkreten Vorstellungen von politischer Planung wurden aber von Horst Ehmke und Reimut Jochimsen auf der Basis ihrer aufgezeigten theoretischen Verortung entwickelt und inwieweit waren sie sich existenten Restriktionen und Risiken bewusst?

III.2.1 Gesamtkonzept statt Teilplanung

Im Laufe seiner Tätigkeit als Staatssekretär und Bundesminister im Bonner Justizministerium verstärkte Horst Ehmke seine Bemühungen im Bereich einer in seinen Augen notwendigen Reform der Verwaltung und der grundlegenden Modernisierung des Regierungsapparates. Für ihn war der bestehende Regierungsapparat Ausdruck einer aus dem 19. Jahrhundert stammenden monarchischen Obrigkeitsverwaltung. Das in diesem System institutionalisierte bürokratisch-hierarchische Prinzip müsse nach den Regeln moderner Teamarbeit umgestaltet werden, so Ehmke, denn nur so könne die Zusammenarbeit innerhalb und zwischen den Ministerien einfacher und objektiver werden.[140]

Eine der grundlegenden Beschränkungen des Regierungsapparates erkannte Ehmke in dessen dezentralem Charakter und dem damit einhergehenden Ressortpartikularismus bis hinunter auf die untersten Ebenen. So sei es gerade die Ebene der Referenten in den einzelnen Ressorts, auf der das Wissen der Regierung kumuliert würde, gleichzeitig gingen von hier die meisten von

---

[139] Vgl. Horst Ehmke, zit. nach Neuhauser, Peter, Über Horst Ehmke, in: Der Stern, 16/1970, vom 23.04.1970.
[140] Vgl. Ehmke, Perspektiven, Sozialdemokratische Politik im Übergang zu den siebziger Jahren, ebd., S.154.

der Regierung formulierten Initiativen aus. Ein solches System habe gegenüber anderen Modellen zwar klare Vorteile, wie etwa die Fähigkeit, unterschiedliche Entwicklungen innerhalb der Gesellschaft frühzeitig zu erkennen. Allerdings unterstütze ein solch dezentraler Charakter eine Segmentierung der Ressortlandschaft, ein Phänomen, das von Reimut Jochimsen mit dem Begriff „Maximierung der Ressortproduktion"[141] beschrieben wurde. Ehmke und Jochimsen gaben sich hier als scharfe Kritiker des existierenden dezentralen Systems zu erkennen. So werde Politik nach wie vor lediglich als ein Nebeneinander sektoraler Teilpolitiken verstanden, bei dem Problemlösungen nur in den Bereichen gesucht beziehungsweise durchgesetzt würden, in denen die Probleme zuständigkeitsmäßig aufträten. Negative Folgewirkungen einer solchen Stückwerkspolitik würden nicht gesehen oder von den Verantwortlichen unterschätzt.[142] Auf Grund dieser Erkenntnis plädierte Horst Ehmke bereits zu Beginn des Jahres 1967 für die Schaffung eines qualifizierten Beraterstabes des Bundeskanzlers. „Einem solchem institutionalisierten und hoch qualifizierten Gremium muss die zentrale Aufgabe zukommen, die Arbeit der Ressorts kontinuierlich zu überprüfen und zu koordinieren sowie fachliche Vorarbeit für politische Planung und Entscheidungen zu leisten."[143] Für Ehmke stand außer Frage, dass „ein solcher Apparat nur dem Bundeskanzler direkt und nicht etwa dem Finanzministerium zugeordnet werden kann, da es unmöglich ist, die Aufgaben von Planung, Organisation und Budget zu trennen. Des Weiteren muss ein solches Gremium über die entsprechende Ausstattung zur Sammlung und Auswertung von Informationen über anstehende Entscheidungen, die für die Regierung von besonderer Relevanz sind, verfügen."[144] Die einzelnen Ressorts sollten zwar ihre jeweiligen Planungsstellen behalten, allerdings müssten deren konkrete Vorschläge von der zentralen Planungsstelle in die Gesamtpolitik der Regierung eingebaut werden. Ehmke ging sogar soweit, über die Schaffung von Bundeszentralämtern im Bundeskanzleramt nachzudenken, die die

---

[141] Vgl. Jochimsen, Zum Aufbau und Ausbau eine integrierten Aufgabenplanungssystems, ebd., S. 950.

[142] Vgl. ebd., sowie Textentwurf Horst Ehmkes vom 13.02.1967, in: Dep. Horst Ehmke, 1/HEAA000272, AdsD Bonn.

[143] Vgl. Textentwurf Horst Ehmkes vom 13.02.1967, ebd.

[144] Vgl. ebd.

Aufgaben von Ministerien übernehmen sollten und so eine Verkleinerung des Kabinetts ermöglichen würden.[145]

In eine ähnliche Richtung gingen auch die Überlegungen Reimut Jochimsens, der ebenfalls die mangelnde Kommunikation und den vorherrschenden Partikularismus in der Arbeit der Ressorts als eine zentrale Schwäche des Regierungsapparates ausmachte. Am Rande des Nürnberger Parteitages der SPD im Jahre 1968 setzte er sich für die ernsthafte Prüfung von Vorschlägen zur Schaffung einer zentralen Entscheidungsstelle ein, die einem solchen Ressortdenken wirksam begegnen könne. Seiner Auffassung nach war die Schaffung einer solchen Stelle nur im Bundeskanzleramt möglich und müsste mit einer ausreichenden Anzahl von hoch qualifizierten und gesellschaftswissenschaftlich gebildeten Beamten besetzt werden, „die die Kooperation und Koordination zwischen den Ressorts leiten und gewährleisten".[146] In einem Artikel, der auf einem im Frühjahr 1970 gehaltenen Vortrag beruhte, resümierte Jochimsen über die bisherige Koordination der Ressortarbeit: „Was wir vorfinden in der Verfassungswirklichkeit ist eine Koordination, die zweifelslos innerhalb der Ressorts zu einem erheblichen Teil klappt, z.B. in der Form der Fachplanungen; die Bereichsplanungen sind überwiegend gut aufeinander abgestimmt innerhalb der Ressorts."[147] Im gleichen Atemzug schränkte er allerdings ein, dass die Frage der Koordination zwischen den Ressorts im Wesentlichen auf Streitfälle beschränkt sei. So hänge alles davon ab, ob die jeweiligen Ressortchefs, „als die eigentlichen Kurfürsten des Regierungssystems der Bundesrepublik"[148], der Meinung sind, ob eine Frage streitwürdig sei oder nicht. Das Kabinett und die ihm untergeordneten Gremien, wie die Chef- oder die Staatssekretärsbesprechungen könnten nur dann wirksam eingreifen, wenn die betroffenen Referenten oder ihre Vorgesetzten einen wirklichen Streitfall meldeten. Dieser Zustand, der von Jochimsen mit dem Begriff der „negativen Koordination" umschrieben wurde, sei „eine Koordination in dem Sinne nämlich, daß

---

[145] Vgl. ebd.

[146] Vgl. Jochimsen, Die Zukunft sozialdemokratischer Wirtschafts- und Gesellschaftspolitik, ebd., S.20.

[147] Vgl. Ders., Zum Aufbau und Ausbau eines integrierten Aufgabenplanungssystems, ebd., S.950.

[148] Vgl. ebd.

überall dort, wo die vitalen Interessen eines anderen Ressorts betroffen sind, in der Tat negative, nämlich bloß Ressortinteressen absichernde, nicht jedoch positive, konzeptionell vorwärtsgerichtete Koordination wirksam wird und der Zwang zu einer Abstimmung vollinhaltich Platz greift."[149]

Die eigentliche Problematik wurde von Jochimsen folglich darin gesehen, dass ein Großteil der politischen Entscheidungen, die auf die Tagesordnung von Kabinett und Staatssekretärsbesprechungen gelangten, eben solche Streitfälle seien und eine einheitliche und politisch gesteuerte Aufgaben- und Prioritätensetzung nicht wahrgenommen würde. Als Antwort darauf konzipierte Jochimsen ein Planungssystem, das die identifizierten Probleme mittels eines integrativen Ansatzes beseitigen sollte. Er erkannte die Einbindung der Beamten und Angestellten in der Verwaltung als zentrales Element für den erfolgreichen Aufbaus eines Handlungssystems, das in der Lage sein sollte, aus den eigenen Fehlern Schlüsse zu ziehen. Aus diesem Grund plädierte Jochimsen für ein System von Planungsbeauftragten in den einzelnen Ressorts, wie es bereits kurz nach dem Regierungswechsel im Herbst 1969 beschlossen worden war. Die besondere Aufgabe eines solchen Systems sah Jochimsen im Registrieren zukünftiger Konflikte. Daneben könnte mit einem solchen System an Stelle einer zentralisierten Totalplanung eine schwerpunktartige Erkennung ressortübergreifender Querschnittsaufgaben gesetzt werden.[150] Jochimsen machte in seiner Planungsvision dabei nicht auf (Bundes-)Regierungsebene halt. In einem im Jahr 1969 erschienenen Aufsatz setzte er sich für die Einführung eines Bundesentwicklungsplanes ein, indem er seine Vorstellung einer Bund, Länder und alle Politikfelder umspannenden langfristigen Entwicklungsplanung formulierte. Rückblickend bezweifelt Fritz Scharpf, Freiburger Sozialwissenschaftler und Vertrauter Horst Ehmkes, dass dieser „eine solche technokratische Perspektive völlig teilen konnte."[151]

Ein zentraler Punkt, der den Vorstellungen von Ehmke und Jochimsen gemein war, war der Wunsch nach einer einheitlichen Politik, die Idee von der

---

[149] Vgl. ebd.
[150] Vgl. ebd., S.956.
[151] Vgl. Scharpf, Fritz W., Fördernder und Fordernder, in: Bentle, Karl-Heinz u.a., Metamorphosen. Annäherungen an einen vielseitigen Freund. Für Horst Ehmke zum Achtzigsten, Bonn 2007, S.138-148, hier: S.142.

Politik aus einem Guss, wie sie auch im Reformverständnis der sozialliberalen Koalition zu finden war. Dies drückte sich in der Vorstellung von einem Planungssystem aus, das alle Bereich der Regierungsarbeit umfassen sollte. Durch Schaffung einer zentralen Koordinationsstelle, vorzugsweise im Kanzleramt, und durch die Einbindung der Ressorts in ein Koordinationssystem wollte man den vorherrschenden Partikularismus überwinden und die Verfolgung einer einheitlichen politischen Linie ermöglichen. Gleichzeitig waren dieser Konzeption, wenn sie auch keine Totalplanung anstrebte, zwangsläufig Aspekte einer Zentralisierung von politischen Handlungsabläufen, gerade im Bereich der Ressortkoordination und Informationssammlung auf Regierungsebene, immanent. Dieser Umstand wird besonders im Entwurf eines integrierten Aufgabenplanungs- und Koordinationssystems deutlich, das zu einem der zentralen Elemente innerhalb der planerischen Konzeption, die zwischen 1969 und 1972 im Kanzleramt verfolgt wurde, werden sollte.[152]

III.2.2 Kybernetik und Sozialwissenschaften

Ein wichtiges Element in Ehmkes und Jochimsens Konzeptionen war die Verknüpfung von politischer Planung mit verlässlichen wissenschaftlichen Prognosemitteln, die eine mittel- und vor allem langfristige Planung erst möglich machen sollten. Dass in Zukunft durch immer besser werdende Informationssammlungs- und Auswertungssysteme solche Projektionen immer verlässlicher werden würden, wurde von den Planern der ersten Regierung Brandt nicht angezweifelt. Dabei gingen sie durchaus von Planungszeiträumen von zehn bis zwanzig Jahren aus.[153] In ihren Augen war es jetzt die vordringlichste Aufgabe, neue Planungsmethoden in der Regierungspraxis zu etablieren und ihnen mittels modernster Computersysteme die notwendige Informationsbasis zur Verfügung zu stellen. Besonders bei Horst Ehmke ist zudem eine starke Technikaffinität unverkennbar, wofür seine Vorstellungen vom Neubau eines Kanzleramtes ein beredtes Beispiel sind.[154] Der ihm zugeschriebene Ausspruch „Politik ist Elektronik plus Management, der Rest läßt sich auf kleinen Zetteln er-

---

[152]   Vgl. hierzu auch Metzler, Konzeptionen, ebd., S.356.
[153]   Vgl. Jochimsen, Bundesentwicklungsplan, ebd., S.238.
[154]   Vgl. hierzu Kapitel IV.2.2.

ledigen"[155], ist zumindest ein Indiz dafür, wie der Freiburger Professor von Teilen der Öffentlichkeit wahrgenommen wurde.

Der qualitative Sprung, den die elektronische Datenverarbeitung gegen Ende der sechziger Jahre gemacht hatte, und von dem man annahm, dass er sich in der Folgezeit entsprechend perpetuieren würde, wirkte in diesem Zusammenhang zusätzlich bestärkend.[156] Bei der Regierungsübernahme hatte man allerdings noch ein eher diffuses Bild von den Möglichkeiten elektronischer Datenverarbeitung, was sich im Fehlen von geeignetem Programmierpersonal sowie praktikabler Auswertungsmechanismen zeigte. So wurde die einsetzende Planungseuphorie zu einem Großteil auch durch die euphorische Bewertung moderner Computersysteme befeuert. Trotz dieser unklaren Vorstellungen über das Potenzial der elektronischen Datenverarbeitung wurde eine enge Verkopplung von Politik, Sozialwissenschaften und computergestützter Prognose forciert. Dabei wurde die Absicht deutlich, den Trend zur Verwissenschaftlichung der Politik, der sich in den sechziger Jahren verstärkt hatte, weiter zu institutionalisieren. Jochimsen resümierte in diesem Zusammenhang, „daß die Machbarkeit und Durchsetzbarkeit politischer Ziele einmal durch die Wertordnung der politischen Grundrechte, zum anderen aber – und langfristig viel entscheidender – durch die mangelhafte, grundsätzlich begrenzte, wissenschaftliche Durchdringung unserer Umweltbedingungen eingeschränkt ist. Diesen Spielraum auszuschöpfen, ist Aufgabe systematischer sozialwissenschaftlicher Theoriebildung und kann nur im intensiven Wechselspiel zwischen Politikern und Wissenschaftlern gelingen."[157] Folglich zählte der Ausbau einer (sozial-)wissenschaftlichen Politikberatung und der Aufbau einer leistungsfähigen Datenverarbeitungsmaschinerie zu den zentralen Zielsetzungen

---

[155]   Vgl. Blank, Ulrich, „Horst Ehmke und der Zwang zur Stärke", in: Frankfurter Hefte, Heft 6, Juni 1970, S.393-397, hier: S.395; sowie Ders., Politik = Elektronik + Management, in: Die Weltwoche vom 24.12.1970, gefunden in: Dep. Horst Ehmke, 1/HEAA000130, AdsD Bonn.

[156]   Für einen generellen Überblick über die Entwicklung der elektronischen Datenverarbeitung in der öffentlichen Verwaltung vgl. Brinckmann, Hans/Kuhlmann, Stefan, Computerbürokratie, Ergebnisse von 30 Jahren öffentlicher Verwaltung mit Informationstechnik, Opladen 1990.

[157]   Jochimsen, Die Zukunft sozialdemokratischer Wirtschafts- und Gesellschaftspolitik, ebd., S.12.

wenn es um eine grundlegende Modernisierung des Regierungsapparates und seine wissenschaftliche Durchdringung ging.

Eine solche gedankliche Verknüpfung von Politik, Wissenschaft und Technik war auch in der Bonner Regierungspraxis nicht neu. Wie bereits gezeigt, existierten seit Ende der fünfziger Jahre wissenschaftliche Beratungsgremien und einzelne Ministerien, allen voran das Bundesministerium der Verteidigung, verfügten über vergleichsweise leistungsfähige Rechenmaschinen. Neu waren in der Konzeption von Horst Ehmke und Reimut Jochimsen die Bewertung dieser beiden Elemente und die euphorische Erwartung, mit ihrer Hilfe das Regieren durch Planung zu verbessern. Deutlich wird diese Überbetonung der Möglichkeiten gerade im Bereich von neuen Technologien im Regierungssystem. Die geäußerten Vorstellungen von Computern und Technik in der Politik wurde von der Öffentlichkeit durchaus kritisch und teilweise scherzhaft rezipiert. So häuften sich in der Anfangszeit der sozialliberalen Koalition die Karikaturen, in denen Horst Ehmke mittels überdimensionierter Maschinen die anderen Minister kontrollierte und Pläne produzierte. In der Tat herrschte in der Öffentlichkeit das Bild vor, dass künftig mit dem Computer regiert werden würde.[158]

---

[158]   Vgl. Metzler, Gabriele, Demokratisierung durch Experten?, Aspekte politischer Planung in der Bundesrepublik, in: Haupt, Heinz Gerhard/Requate, Jörg (Hrsg.), Aufbruch in die Zukunft, ebd., S.267-287, hier: S.275.

III.3 Zwischenfazit

Die Konzeption von politischer Planung bei Horst Ehmke und Reimut Jochimsen zeigt die intensive Beschäftigung mit dem geführten Planungsdiskurs und der beginnenden Implementierung von Planungselementen in der Bundesrepublik. Besonders bei Jochimsen wird dabei der Stellenwert des integrativen Ansatzes Karl Schillers für die eigene politische Konzeption deutlich. Elementare Bestandteile der planungspolitischen Konzeption Schillers, wie Integration, wissenschaftliche Expertise und Prognose, lassen sich in Jochimsens Vorhaben einer Aufgabenplanung für die Bundesregierung wiederfinden. Der eigentliche Unterschied lag darin, dass bei Jochimsen nicht die Wirtschaft und in einem zweiten Schritt die Gesellschaft, sondern das Regieren an sich gestaltet und modernisiert werden sollte. Mit seinen Vorstellungen offenbarte sich Jochimsen selbst als Angehöriger jener Kohorte junger Volkswirtschaftler, die zu Beginn der sechziger Jahre zur Deutungshoheit drängten und so die Debatte um Möglichkeiten und Risiken von Planungselementen prägten – und selbst auch von dieser diskursiven Modernisierungswelle geprägt wurden. Horst Ehmke passte mit seinem pragmatischen Ansatz und seinen Überlegungen zur Modernisierung von Regierung und Verwaltung ganz in den sachlichen, ideologiefreien Anspruch der SPD der sechziger Jahre.

Bei der Betrachtung des theoretischen Zugangs zu politischer Planung beider genannter Personen wird deutlich, dass ihre entwickelten Konzeptionen nicht im vollständig praxisfreien Raum entstanden. Viele Elemente, die für die Planung in der sozialliberalen Koalition zentral werden sollten, waren bereits Bestandteil der geführten Diskussionen oder ließen sich bereits ansatzweise in der Politik der Großen Koalition wiederfinden. Wenn Winfried Süß für das Planungsverständnis der sozialliberalen Koalition nach 1969 in den Bereichen der Lokalisierung der Planungskompetenz, ihrer Reichweite, ihres Objektbezuges und des veranschlagten Zeithorizontes markante Unterschiede im Vergleich mit der Vorgängerregierung konstatiert, so sind diese Punkte bereits in den Planungskonzeptionen Ehmkes und Jochimsens vor dem Regierungswechsel zu finden.[159]

---

[159] Vgl. Süß, „Wer aber denkt...?", ebd., S.361f.

So wurde eine zentrale Verankerung von politischer Planung als eine Art Steuerzentrale beim Bundeskanzler besonders von Horst Ehmke propagiert. Einer solchen Institution durfte seiner Ansicht nach aber lediglich eine koordinierende Funktion zwischen den Ressorts zukommen. Auf diese Weise sollte die Planung der Planung gewährleistet und gleichzeitig dem Vorwurf begegnet werden, dass der Bundeskanzler unter dem Einfluss eines expertokratischen Beratungsgremiums stehe. Darüber hinaus wurde der Planungszeitraum in der Konzeption von Ehmke und Jochimsen neu gedacht. Von der mittelfristigen, häufig nur auf ein Jahr ausgelegten Planung der Großen Koalition wollte man zu einer langfristigen Planung gelangen, die mehr sein sollte als bloße Krisenreaktion. Eine weitere zentrale Veränderung im Planungsdenken zeigte sich in der Aufwertung von Planung vom rein ökonomischen hin zu einem bewusst die Gesellschaft gestaltenden Element. Deutlich wird dies in der von Reimut Jochimsen propagierten Ansicht, dass ohne politische Planung die Freiheit des Einzelnen in der komplexer werdenden Industriegesellschaft nicht mehr gewährleistet werden könne. Ein zusätzlicher, in der bundesdeutschen Planungspolitik grundsätzlich neuer Aspekt wird in der starken, beinahe euphorischen Bewertung der Technik und besonders ‚des Computers' deutlich. Mittels neuer Technologie sollten die neuen Probleme der fortgeschrittenen Industriegesellschaft gelöst und das Regieren modernisiert werden. Hier schlägt die bereits in früheren Planungsdiskursen deutliche Hoffnung durch, dass mittels Kybernetik und neuartiger Computer Staat und Verwaltung grundlegend modernisiert und effizienter gestaltet werden könnten. In den genannten Punkten gingen Ehmke und Jochimsen schon im Vorfeld deutlich über die von der Projektgruppe Regierungs- und Verwaltungsreform im Sommer 1969 erstellten Vorschläge bezüglich einer Reorganisation des Kanzleramtes hinaus. Dabei kann allerdings nicht geleugnet werden, dass diese geleistete Vorarbeit, gerade in der Anfangszeit der sozialliberalen Koalition, eine wichtige Basis für die neue Planungsabteilung darstellen sollte.

In ihrer optimistischen Bewertung der Möglichkeiten von politischer Planung offenbarten Horst Ehmke und Reimut Jochimsen jene „steuerungsoptimistischen Machbarkeitsvorstellungen"[160], die ihren Vorgängern gefehlt hat-

---

[160]   Vgl. Anmerkung 96, S.37.

ten. Planung war nicht mehr allein „die Tochter der Krise"[161], auch wenn zahlreiche formulierte Ansprüche an Planung sicherlich auch durch die Ereignisse
des Jahres 1968 bedingt waren. In erster Linie trug die dargestellte Konzeption
von Planung aber doch den vorherrschenden Liberalisierungstendenzen und
gesellschaftlichen Entwicklungen Rechnung und war somit auch ein Teil der
Forderung Willy Brandts, mehr Demokratie zu wagen.

---

[161]   Vgl. Anmerkung 95, S.37.

IV. Politische Planung im Bundeskanzleramt zwischen 1969 und 1972

Nach den Wahlen zum Deutschen Bundestag am 28. September 1969 kam es zu einem Machtwechsel und Willy Brandt wurde zum ersten sozialdemokratischen Kanzler in der Geschichte der Bundesrepublik gewählt. Bereits im Vorfeld der Wahl hatte sich eine Koalition zwischen Sozialdemokraten und der FDP angebahnt, die sich unter ihrem neuen Vorsitzenden Walter Scheel ein zunehmend reformfreudiges Image gegeben hatte und in vielen Fragen mit der Außenpolitik der SPD übereinstimmte. In den Koalitionsverhandlungen wurde der Eindruck bestätigt, dass zahlreiche sachliche Gemeinsamkeiten zwischen den beiden Parteien existierten. Außerdem wurde dem kleinen Koalitionspartner die Verbindung mit der SPD durch das Zugeständnis zentraler Ministerien, wie dem Außen- und dem Innenministerium unter Walter Scheel und Hans-Dietrich Genscher, erleichtert – zumal die Partei in Koalitionen mit der CDU stets mit peripheren Ressorts hatten vorlieb nehmen müssen.[162] Insgesamt wurde das Kabinett von 20 auf 15 Ressorts verkleinert, womit die neue Regierung bereits Forderung nach einer Straffung der Regierungsarbeit öffentlichkeitswirksam Rechnung trug.[163] Zum Chef des Kanzleramtes und auf dessen per-

---

[162] Die verbliebenen Ressorts wurden, mit Ausnahme des Landwirtschaftsministeriums, das mit Josef Ertl ebenfalls einen liberalen Chef bekam, und dem parteilosen Hans Leussink als Minister für Bildung und Wissenschaft, mit Sozialdemokraten besetzt. Als ehemalige Minister der Großen Koalition blieben Karl Schiller als Wirtschaftsminister und Alex Möller als Finanzminister in ihren Ämtern. Helmut Schmidt, bis dato Fraktionsvorsitzender, gab seinen Posten an Herbert Wehner, vormals Minister für innerdeutsche Beziehungen, ab und übernahm das Amt des Verteidigungsminister. Weitere Minister des ersten Kabinett Brandt waren: Conrad Ahlers (Presse- und Informationsamt der Bundesregierung), Walter Arendt (Arbeit und Sozialordnung), Erhard Eppler (Wirtschaftliche Zusammenarbeit), Egon Franke (Innerdeutsche Beziehungen), Gerhard Jahn (Justiz), Georg Leber (Verkehr, Post- und Fernmeldewesen), Lauritz Lauritzen (Städtebau und Wohnungswesen), Käte Strobel (Jugend, Familie und Gesundheit), vgl. Winkler, Heinrich August, Der lange Weg nach Westen, Band II: Deutsche Geschichte vom „Dritten Reich" bis zur Wiedervereinigung, München 2000, S.273f.

[163] Vgl. Görtemaker, Manfred, Geschichte der Bundesrepublik Deutschland, Von der Gründung bis zur Gegenwart, München 1999, S.500f.

sönliches Drängen zum Bundesminister für besondere Aufgaben bestellte
Brandt Horst Ehmke, der nach der Wahl Gustav Heinemanns zum Bundespräsidenten im März 1969 bereits für einige Monate das Amt des Justizministers
übernommen hatte. Die Ernennung Ehmkes zum Chef des Kanzleramtes grün-
dete zweifellos auf dessen voriger Profilierung in Fragen der Modernisierung
von Regierung und Verwaltung. Auf diese Weise wollte Bundeskanzler Brandt
sein reformfreudiges Image auch im eigenen Haus unterstreichen.

Mit dem besonderen Fokus auf das Bonner Bundeskanzleramt soll in diesem dritten Kapitel die Umsetzung von politischer Planung in der ersten Regierung Brandt untersucht werden. Dazu werden in chronologischer Reihen-
folge die unterschiedlichen Phasen der Planungsarbeit dargestellt. Anhand der
verfolgten Maßnahmen und den damit verbundenen Positionen Horst Ehmkes
und Reimut Jochimsens soll die Zielsetzung von politischer Planung in diesem
Zeitraum erörtert werden.

IV.1 Die neue Koalition und das Konzept der inneren Reformen

In seiner Regierungserklärung vom 28. Oktober 1969 versprach der neu gewählte Bundeskanzler Willy Brandt, dass die Politik seiner Regierung „im
Zeichen der Kontinuität und im Zeichen der Erneuerung"[164] stehen werde. Und
in der Tat skizzierte er eine Vielzahl von innenpolitischen Reformen, die ihren
Anfang bereits in der Zeit der Großen Koalition genommen hatten, aber auch
solche, die Neuland betraten. An der Spitze der innenpolitischen Reformkon-
zeption standen die Bereiche der Bildung und der Ausbildung, eng damit verknüpft auch der Wissenschaft und Forschung. Neben der Anregung eines langfristigen Bildungsplans stellte Brandt unter anderem eine grundlegende Steuerreform, den Ausbau des Sozialstaates, eine Reform des Betriebsverfassungsge-
setzes, die Förderung der Gleichberechtigung der Frau und eine Herabsetzung
des Wahlalters von 21 auf 18 Jahren in Aussicht. Eigentlich gab es kaum ein
Themengebiet, in dem nun nicht umfassende Reformen postuliert wurden.[165]

---

[164]   Regierungserklärung von Bundeskanzler Willy Brandt vor dem Deutschen Bundestag am
         28.10.1969, abgedruckt in: Presse- und Informationsamt der Bundesregierung (Hrsg.), Bun-
         deskanzler Brandt, Reden und Interviews, Bonn 1971, S.13-30, hier: S.13.
[165]   Vgl. Görtemaker, Geschichte der Bundesrepublik Deutschland, ebd., S.505.

Gleichzeitig, so auch die Meinung vieler zeitgenössischer Kritiker, bot die Regierungserklärung wenig Konkretes.[166] Vielmehr stellte Kanzler Brandt in Aussicht, dass die Bundesregierung „in Ergänzung dieser Erklärung ihre Pläne und Vorhaben auf dem Gebiet der inneren Reformen unseres Landes dem Parlament und der Öffentlichkeit in Einzelberichten unterbreiten"[167] werde. Ferner betonte er, dass die gesteckten Ziele nur durch strukturelle Veränderungen im Regierungsapparat selbst zu erreichen seien. „Die Regierung muss bei sich selbst anfangen, wenn von Reformen die Rede ist. Die Zahl der Ministerien wurde vermindert, eine erste Flurbereinigung der Ressortzuständigkeiten vorgenommen. Wir werden diese Bemühungen fortsetzen, um Verantwortlichkeiten klarer festzulegen und Doppelarbeit zu vermeiden. Das Bundeskanzleramt und die Ministerien werden in ihren Strukturen und damit auch in ihrer Arbeit modernisiert."[168] Erreicht werden sollte dies durch den Ausbau staatlicher Steuerungsmöglichkeiten. In Bereichen wie der Finanzpolitik, des Verkehrswesens, der Verteidigung, der Entwicklungshilfe, der Strukturpolitik und ganz besonders im Bereich der Bildung und Forschung, könne auf systematische Vorausschau und Planung nicht mehr verzichtet werden. Gerade durch die Förderung der Forschung erhoffte sich Brandt eine Selbstbefähigung des Staates zum modernen Regieren, da nur auf diese Weise der „Bedarf der Gesellschaft an möglichst hoch qualifizierten Fachkräften und an Forschungsergebnissen berücksichtigt"[169] werden könne. Ein Schwerpunkt wurde von ihm dabei auf den Bereich der Informatik und Datenverarbeitung gelegt, um „Methoden des politischen Entscheidungsprozesses über Forschungsprioritäten zu entwickeln, die heute kaum in den Anfängen vorhanden sind."[170] So verkündete der Kanzler die Absicht der neuen Bundesregierung, „verstärkt Haushaltsmittel für die Förderung der Informatik und der Entwicklung von Computer-Sprachen einzusetzen."[171]

---

[166]   Vgl. zur Resonanz der Regierungserklärung in der öffentlichen Meinung: Stüwe, Klaus, Die Rede des Kanzlers, Regierungserklärungen von Adenauer bis Schröder, Wiesbaden 2005, S.301f.

[167]   Vgl. Regierungserklärung, ebd., S.26.

[168]   Vgl. ebd., S.19.

[169]   Vgl. ebd., S.22.

[170]   Vgl. ebd.

[171]   Vgl. ebd.

Trotz ihrer Defizite bezüglich der Konkretisierung der reformerischen Ambitionen steht die Regierungserklärung Willy Brandts exemplarisch für den vorherrschenden „Macher-Geist"[172] und die Zuversicht hinsichtlich der Gestaltbarkeit der Zukunft. Der „technokratische Optimismus"[173], der die SPD seit Beginn der sechziger Jahre zu durchströmen begann, fand in diesem Dokument seinen stärksten Ausdruck. Man könnte den Inhalt der Erklärung auf die Ankündigung von „mehr Humanität, mehr Demokratie, mehr Gleichheit der Lebenschancen, mehr Freiheit, mehr Sicherheit und mehr Mitbestimmung"[174] sowie einer grundlegenden Modernisierung von Staat und Verwaltung verdichten. Wie bereits erwähnt verkörperte die Politik der inneren Reformen in vielen Punkten eine Fortführung der Reformansätze der Großen Koalition, gleichzeitig stellte sie aber auch eine Veränderung der Zielsetzung im Bereich der wirtschafts- und gesellschaftspolitischen Bestrebungen, der Verteilungsintensität und in ihrem puren Reformumfang dar.[175] Gerade mit den beiden erstgenannten Punkten ist sie somit in gewisser Weise selbst als Antwort auf die Modernisierungs- und Demokratisierungsdiskurse zu verstehen und damit in erster Linie auch als Antwort auf die anhaltenden und lauter werdenden Forderungen nach Reformen und einer grundlegenden Modernisierung des Regierungssystems.[176] Dabei gaben sich die Vertreter der neuen Regierungskoalition ausgesprochen optimistisch, was den Erfolg der eigenen Reformpolitik anging. Man war davon überzeugt, das hatte die Politik der Großen Koalition ja gezeigt, dass sich wirtschaftliche Abläufe grundsätzlich steuern ließen. Gleichzeitig ging man nach der überwunden geglaubten Rezession Mitte der sechziger Jahre davon aus, dass man in Zukunft mit einem stetigen Wirtschaftswachstum rechnen könne. Sollte dies nicht der Fall sein, glaubte man mit den Instrumentarien der Globalsteuerung und der mittelfristigen Finanzplanung mächtige wirtschaftspolitische Werkzeuge zur vorausschauenden Krisenvermeidung an der Hand zu haben.

---

[172]   Vgl. Bracher, Karl Dietrich/Jäger, Wolfgang/Link, Werner, Republik im Wandel 1969-1974, Die Ära Brandt, Stuttgart 1986, S.26.

[173]   Vgl. Anmerkung 103, S.41.

[174]   Vgl. Baring, Arnulf, Machtwechsel, Die Ära Brandt-Scheel, Stuttgart 1982, S.656f.

[175]   Vgl. Schmidt, Manfred G., Die „Politik der inneren Reformen" in der Bundesrepublik Deutschland 1969-1976, in: Politische. Vierteljahresschrift, 19/1978, S.201-253, hier: S.209.

[176]   Vgl. Metzler, Konzeptionen, ebd., S.350.

In Anbetracht der bereits fortgeschrittenen Implementierung von Planungselementen in der Wirtschaftspolitik blieb der Bereich der zentralen politischen Planung nach der Regierungsübernahme der sozialliberalen Koalition folglich nicht auf das Bundeskanzleramt beschränkt. Schnell kristallisierte sich die Bildung zweier Planungszentren heraus. Während im Bundeskanzleramt die operative Planung der Planung verortet wurde, wurden im Finanzministerium mit Hilfe der Globalsteuerung und insbesondere der mittelfristigen Finanzplanung die Ziele des 1967 verabschiedeten Stabilitätsgesetzes verfolgt. Zu diesem Zweck wurde hier an der Aufstellung eines fünfjährigen Finanzplans gearbeitet, der gleitend jährlich fortgeschrieben wurde. Die Grundlagen für die Aufstellung eines solchen Budgetplans waren dabei die finanzielle Bedarfsschätzung der Ressorts sowie die mittelfristige Prognose der kommenden Wirtschaftsentwicklung. In dieser rein finanzpolitischen und wirtschaftlichen Fundierung wurde von den Befürwortern einer politischen Aufgabenplanung schnell ein grundlegendes Problem identifiziert. Der Umstand, dass sich die mittelfristige Finanzplanung nur an rein finanziellen beziehungsweise steuerpolitischen Gesichtspunkten orientierte und eben nicht an politischen Aufgaben und Schwerpunkten, wurde für die ernsthafte Verfolgung einer echten Politik der inneren Reformen als unhaltbar gewertet. Die Einführung eines zusätzlichen Planungssystems mit einer starken Verankerung im Regierungsapparat sollte gerade diesen Missstand beheben. Auf diese Weise wollte man, wie in der dargestellten Konzeption Horst Ehmkes und Reimut Jochimsen deutlich geworden, die weiterhin fortgeführte Finanzplanung durch eine politische Schwerpunktplanung ergänzen und so eine Verbindung zwischen beiden Bereichen herstellen.[177]

IV.2 Organisatorische Veränderungen im Bundeskanzleramt

Willy Brandt hatte in seiner Erklärung sich und seiner Regierung die grundsätzliche Befähigung des Regierungsapparates zur vorausschauenden Planung zum Ziel gesetzt. Dies sollte durch eine Institution zur zentralen Koordination der Regierungspolitik gewährleistet werden. Dabei offenbarte sich eine enge

---

[177]   Vgl. Bracher/Jäger/Link, Republik im Wandel, ebd., S.28.

gedankliche Verknüpfung zwischen den Ansprüchen an die Mechanismen von politischer Planung und den Erwartungen und Hoffnungen an die Umsetzbarkeit der sich selbst gesetzten Reformpolitik. So zeigte sich gerade im Verständnis der beiden Protagonisten im Bundeskanzleramt, Horst Ehmke und Reimut Jochimsen, dass Planung und Reformpolitik eine untrennbare Einheit darstellten.[178]

Wie gezeigt, begannen die beiden Planer bei der konkreten Umsetzung ihrer Vorstellungen nicht im luftleeren Raum. Neben ihren eigenen, teils stark theoretischen Vorarbeiten konnten sie sich auf die Vorschläge der Projektgruppe Regierungs- und Verwaltungsreform von August 1969 stützen. Der neue Kanzleramtschef Horst Ehmke stimmte mit der grundsätzlichen Stoßrichtung dieser Entwürfe überein, was auch durch die Tatsache zu erklären ist, dass die Arbeit der Projektgruppe eine deutlich sozialdemokratisch geprägte Handschrift trug. Mit der Stärkung der Planungskapazitäten der Bundesregierung und den organisatorischen Veränderungen im Bundeskanzleramt ließ die Regierung ihren Worten Taten folgen. Dies entsprach der Ankündigung Willy Brandts, dass die Regierung bei sich selbst anfangen und das Bundeskanzleramt und die Ministerien in ihren Strukturen und damit auch in ihrer Arbeit modernisieren werde. Die Etablierung einer zentralen Planungsabteilung, die zu einer der ersten öffentlich sichtbaren Handlungen gehörte, war deshalb von nicht zu unterschätzender symbolischer Bedeutung für die Politik des neuen Regierungsbündnisses.[179]

Neben den Vorschlägen der Projektgruppe existierte des Weiteren eine von der Heidelberger Studiengruppe für Systemforschung erstellte Untersuchung, die ebenfalls in Zeiten der Großen Koalition in Auftrag gegeben worden war.[180] In dieser Studie sollten der Informationsfluss und die Entschei-

---

[178]   Vgl. Metzler, Konzeptionen, ebd., S.368.
[179]   Vgl. Süß, „Wer aber denkt...?", ebd., S.358.
[180]   Bei der Heidelberger Studiengruppe für Systemforschung handelte es sich um eine eigenständige Institution, die sich als eine Art *think tank* mit Fragen der Zukunfts- und Planungsforschung und Systemanalysen im politisch-administrativen Bereich auseinandersetzte. Die Studiengruppe war auf Vertragsbasis mit dem Kanzleramt verbunden. Die Zusammenarbeit wurde allerdings auf Betreiben Reimut Jochimsens, mit Verweis auf grundlegende Kooperationsprobleme zwischen den beiden Institutionen, Ende des Jahres 1970 weitgehend einge-

dungsstruktur des Bundeskanzleramtes untersucht sowie mit der Planung eines automatisierten Dokumentationssystems in der Verwaltung des Deutschen Bundestages begonnen werden. Vor 1969 wurde die verfassungsmäßige Richtlinienkompetenz des Bundeskanzlers nicht ausgeführt, so das Ergebnis der Heidelberger Systemforscher. Die Gründe hierfür wurden im vollständigen Fehlen von Planungskapazitäten und im defizitären Informationsfluss zwischen Bundeskanzleramt und den Ressorts gesehen. In Zusammenarbeit mit Beamten und Angestellten des Amtes wurde ein Mängelkatalog erarbeitet, der sich aus über 800 Einzelaussagen zusammensetzte und sämtliche Organisationsfehler systematisch geordnet nach Rang und Fachgebiet enthielt. Ferner wurde der Entwurf für ein elektronisches Kanzlerinformationssystem entwickelt, das sich einerseits „stets optimal an die Informationsbedürfnisse des Kanzlers und seines engsten Stabes anpaßt, andererseits die modernsten technischen Hilfsmittel, soweit sie vernünftig einzusetzen sind verwendet."[181]

Als zentrales Problem bei der Reorganisation der Regierungsarbeit wurde nach 1969 von den neuen Hausherren im Palais Schaumburg die Konkretisierung der Regierungstätigkeit auf klar gesetzte Ziele diskutiert. Eine effektive Neuordnung der Zielsetzung und der Koordinationsfähigkeit der Regierung, darüber war man sich einig, setzten eine starke Stellung des Bundeskanzleramtes voraus. Denn die Koordination der politischen Vorhaben konnte in ihren Augen nicht von den Ressorts autonom ausgeführt werden, sondern musste durch einen Kabinettsbeschluss erfolgen. Um die Politik der inneren Reformen mit ihrer gesellschaftsverändernden Stoßrichtung aber effektiv verfolgen zu können, war die sozialliberale Regierung in besonderem Maße dem Zwang unterworfen, über die klassischen Ressortgrenzen hinweg zu planen und zu koordinieren.[182] Allein für diese Aufgabe bedürfe es, so formulierte es Klaus von Dohnanyi als Staatssekretär im Bundesministerium für Bildung und Forschung, in einem Brief an Horst Ehmke, „eines Planungsstabes, der politisch geführt sein sollte (Bundesminister ohne Portefeuille, Staatsminister, Parla-

---

stellt. Vgl. Brinckmann, Andrea, Wissenschaftliche Politikberatung in den 60er Jahren, Die Studiengruppe für Systemforschung, 1958 bis 1975, Berlin 2006, S.144.

[181]   Vgl. Mitteilung von Horst Ehmke an Günter Gaus am 08.10.1969, in: Dep. Horst Ehmke, 1/HEAA000293, AdsD Bonn.

[182]   Vgl. „Kanzleramt: Der Macher", in: Der Spiegel, 6/1971, vom 01.02.1971.

mentarischer StS [Staatssekretär *Anm. d. Verf.*] oder StS). Der unmittelbare Leiter des Stabes sollte ein Fachmann für Planung (Managementtechnik) sein."[183]

Dieser Forderung trug Willy Brandt mit der Ernennung Horst Ehmkes zum Chef des Bundeskanzleramtes, oder, wie Ehmke es selbst formulierte, zu seinem „Hausmeier"[184], Rechnung. Ehmke bestand in Zusammenhang mit seiner Berufung zum Amtschef auf die Ernennung zum Minister für besondere Aufgaben. Dies geschah nach eigener Aussage, um nicht wie in seiner Zeit als Staatssekretär im Justizministerium wieder in Dauerkonflikt mit seinen politischen Ambitionen zu kommen.[185] Nach dem erklärten Willen Willy Brandts sollte Ehmke „mit seiner zupackenden Art aus dem Kanzleramt eine moderne Behörde machen und sich um die Planung der Regierungsarbeit kümmern."[186] Die Ernennung eines Kanzleramtschefs zum Bundesminister war bis dato in der Bundesrepublik erst ein einziges Mal vorgekommen. Mit dem Erreichen der beamtenrechtlichen Altersgrenze hatte Ludwig Erhard seinen damaligen Kanzleramtschef Ludger Westrick zum Bundesminister für besondere Aufgaben bestellt, um ihn auf diese Weise weiterbeschäftigen zu können.[187] So kamen die nach der Bestellung Ehmkes gezogenen Vergleiche mit dem Kanzleramtschef Erhards nicht von ungefähr. Man befürchtete, dass Ehmke in ähnlicher Weise wie Ludger Westrick, der sich wiederholt dem Vorwurf ausgesetzt sah, seine qua Amt verliehenen Befugnisse zu überschreiten, zu einem „Unterbundeskanzler"[188] oder gar zu einem „Premierminister Brandts"[189] werden würde. „Ein solcher Kanzleramtsminister", mutmaßte die Frankfurter Allge-

---

[183] Vgl. Brief Klaus von Dohnanyis an Horst Ehmke am 01.10.1969, in: Dep. Horst Ehmke, 1/HEAA000295, AdsD Bonn.
[184] Vgl. Ehmke, Mittendrin, ebd., S.101.
[185] Vgl. ebd., S.102.
[186] Vgl. Bracher/Jäger/Link, Republik im Wandel, ebd., S.29.
[187] Vgl. Busse, Volker, Organisation und Aufbau des Bundeskanzleramtes – Historischer Überblick, in: Biermann, Harald (Hrsg.), Die Bundeskanzler und ihre Ämter, Bonn 2006, S.208-215, hier: S.212.
[188] Vgl. Fromme, Karl Friedrich, „Unterbundeskanzler Ehmke? Ein Kanzleramtsminister wäre ein verfassungspolitischer Sündenfall", in: Frankfurter Allgemeine Zeitung vom 10.10.1969.
[189] Vgl. Bergdoll, Udo, „Keine Verschnaufpause für »Premierminister Brandts«", in: Generalanzeiger vom 10./11.01.1970, gefunden in: Dep. Horst Ehmke, 1/HEAA000130, AdsD Bonn.

meine Zeitung, „stünde für seine Person in der Gefahr, daß die Ministerkolle-
gen ihn als denjenigen ansehen, der im Auftrag des Kanzlers versucht, ihnen in
ihre Ressorts hineinzureden."[190] Gerade die letzte Befürchtung wurde nicht
nur von konservativen Kommentatoren geäußert, sondern trieb auch Mitglieder
der Regierungskoalition um. Allen voran sah Helmut Schmidt als neu ernann-
ter Verteidigungsminister in der Person Horst Ehmkes einen ernsthaften Kon-
kurrenten, zum einen wenn es um direkten Einfluss auf den Kanzler und die
Regierungspolitik ging, zum anderen auch bezüglich langfristiger politischer
Ambitionen. So wurden beide Sozialdemokraten mit zunehmender Profilierung in der sozialliberalen Koalition als Aspiranten auf die Kanzlerschaft nach
Brandt gehandelt. Schmidt ging gegenüber Ehmke sogar soweit, sich zu Beginn von dessen Tätigkeit im Kanzleramt von Brandt schriftlich bestätigen zu
lassen, dass der neue Amtschef nicht über seine Befugnisse hinaus handeln
dürfe.[191] Doch nicht nur mit dem einflussreichen Verteidigungsminister pfleg-
te der neue Koordinator des Bundeskanzleramtes ein überaus angespanntes
Verhältnis. Ehmke ging „praktisch mit jedem auf Kollisionskurs"[192]. Nicht nur
durch seine ungewöhnlich rasche Auffassungsgabe und seine „durchdringende
Intelligenz"[193], sondern auch durch seine als heftig und zupackend beschriebene Art machte sich Ehmke im politischen Bonn schnell viele Gegner, die mit
dem selbstbewussten Auftreten des Juraprofessors nicht umgehen konnten.
Das ihm zugedichtete Selbstverständnis findet dabei in der Anekdote Ausdruck, dass Ehmke auf die Frage seines Chauffeurs, wo es denn hingehen solle, antwortete: „Irgendwohin, ich werde überall gebraucht."[194]

IV.2.1 Ausgangslage und strukturelle Reorganisation

In der Vorstellung Horst Ehmkes hatte das Bundeskanzleramt drei zentrale
Funktionen zu erfüllen. Neben der Beratung des Bundeskanzlers bei der Fin-

---

[190]   Vgl. Fromme, „Unterbundeskanzler Ehmke?", ebd.
[191]   Vgl. Ehmke, Mittendrin, ebd., S.103.
[192]   Vgl. Schöllgen, Gregor, Willy Brandt, Berlin/München 2001, S.180.
[193]   Vgl. Baring, Machtwechsel, ebd., S.521.
[194]   Vgl. ebd.

dung seiner Richtlinien und der Durchführung seiner Richtlinienkompetenz
waren dies die Koordination der einzelnen Ressorts sowie die Wahrnehmung
einer grundsätzlichen Sekretariatsfunktion der Bundesregierung. Dabei folgten
seine Vorstellungen im Wesentlichen der bereits existierenden Aufgabenbe-
schreibungen des Amtes, gleichzeitig wurden sie in ihrer Auslegung aber erweitert. Unter den Komplex der Richtlinienkompetenz des Bundeskanzlers fie-
len in der Interpretation der sozialliberalen Planer all diejenigen Befugnisse,
„derer der Bundeskanzler zur Erfüllung seiner Steuermannsfunktion"[195] bedurfte. Dies schloss ein „Recht auf erschöpfende Information durch die Ressorts, eine Ausgleichskompetenz bei Unstimmigkeiten zwischen den Ressorts,
Kompetenzen zur Festlegung der Geschäftsbereiche, zugleich die Kompetenz
zum Entzug strittiger Geschäftsbereiche" sowie eine „Kompetenz zur Verein-
heitlichung" ein.[196] Unter Berufung auf die Studie der Projektgruppe stellte
Horst Ehmke fest, dass das Bundeskanzleramt „der Koordinierungsfunktion –
sowohl der Sach- als auch der Verfahrenskoordination – […] nur unvollkom-
men gerecht werden [konnte], da dem Amt die Übersicht über den Geschäfts-
ablauf innerhalb der Bundesregierung, insbesondere in seinen Gesamtzusammenhängen fehlte."[197] Die Koordinierungsaufgaben würden gar derart mangel-
haft wahrgenommen, dass sich das Prinzip der politischen Richtungsgebung
immer mehr zugunsten des Ressortprinzips verschiebe. Darüber hinaus fehlte
es an einer echten Transformierung des Regierungsprogramms in Gesetzgebungsvorhaben und sonstige politische Aktionen, was für Ehmke im Hinblick
auf das ambitionierte Reformprogramm der sozialliberalen Koalition ein un-
haltbarer Zustand war. Ferner fehlten mit den Ressorts abgestimmte Zeitpläne
und damit auch die Möglichkeit des Setzens von Prioritäten. „Eine Erfolgskontrolle mit permanenter Beobachtung der Regierungsaktionen", so der neue
Kanzleramtschef, „aber auch mit einer ständigen Überprüfung ihrer Realisie-
rungsmöglichkeiten war nicht möglich. Das Bundeskanzleramt war außerstan-

---

[195] Vgl. Vermerk von Dr. Wienholz an Horst Ehmke am 18.03.1970, in: Dep. Horst Ehmke,
       1/HEAA000293, AdsD Bonn.
[196] Vgl. ebd.
[197] Vgl. Memorandum Horst Ehmkes mit dem Titel „Organisation, Personalstruktur und Unter-
       bringung des Bundeskanzleramtes" vom 08.03.1970, in: Dep. Horst Ehmke, 1/HEAA000293,
       AdsD Bonn.

de, wichtige Impulse im Geschäftsgang der Bundesregierung zu geben. Es war auch nicht in der Lage, den Mitgliedern der Bundesregierung jederzeit einen gleichen Informationsstand zu verschaffen."[198] Ehmke kritisierte die unzureichende Beschäftigung mit zentralen politischen Bereichen wie der Gesellschafts- und Strukturpolitik innerhalb des Kanzleramtes. Zudem verfüge die Behörde über vollkommen mangelhafte Möglichkeiten zur Auswertung von Informationen sowie zur Erstellung systematischer Analysen. Die Ursachen für diese Defizite identifizierte er im „derzeitigen, organisatorischen, personellen, technischen und baulichen Zustand des Amtes" sowie in einem graduellen Funktionswandel der Behörde.[199]

Und in der Tat muten die Zustände im Palais Schaumburg nach dem Regierungswechsel 1969 im Vergleich mit anderen zeitgenössischen Regierungszentralen eigentümlich an. Ehmke selbst beschrieb den Zustand des Amtes und seiner technischen Ausstattung bei der Übernahme durch die neuen Hausherren schlicht als „primitiv und antiquiert"[200]. Die Mitarbeiter des Bundeskanzleramtes verteilten sich neben dem klassizistischen Palais Schaumburg und dessen provisorischen Anbauten noch auf insgesamt drei weitere Gebäude. Dies erschwere, so Ehmke, die innerhäusliche Kommunikation zusätzlich zu dem existierenden Mangel an Hilfskräften. Das zentrale Gebäude, in dem unter anderem auch die Büros des Bundeskanzlers untergebracht waren, verfüge weder über abhörsichere Räume oder eine einwandfrei funktionierende Telefonanlage, noch über Kopiergeräte. Des Weiteren bemängelte er, dass Fernmeldeverbindungen zu in- und ausländischen Regierungsstellen so gut wie gar nicht vorhanden seien, was sich besonders in Krisenfällen als problematisch erwiesen hätte. Zudem sei der Kabinettssaal zu klein und stünde konstant unter Zugluft, monierte Ehmke, obendrein gäbe es keine sozialen Einrichtungen wie beispielsweise eine Kantine. Die baulichen und strukturellen Probleme des Kanzleramtes seien in Anbetracht ihrer weitreichenden Natur nur durch einen Neubau der gesamten Einrichtung zu beheben.[201]

---

[198]   Vgl. ebd.
[199]   Vgl. ebd.
[200]   Vgl. ebd.
[201]   Vgl. „Kanzleramt: Dünne Decke", in: Der Spiegel, 45/1969, vom 03.11.1969; sowie Ehmke, Organisation, Personalstruktur und Unterbringung, ebd.

Ein weiterer Kritikpunkt war die organisatorische Aufstellung des Amtes, deren defizitärer Charakter von Ehmke hauptsächlich in der Aufgliederung in lediglich drei Abteilungen gesehen wurde.[202] Besonders der Planungsstab verfüge über keinerlei operative Aufgaben und sei nicht mehr als eine Studiengruppe mit dem Charakter eines Torsos.[203] Zudem bemängelte der neue Hausherr die Tatsache, dass Fragen sozialer Probleme in der modernen Industriegesellschaft in der Arbeit der Regierungszentrale vernachlässigt würden. So erfolge die Beschäftigung mit Fragen der Struktur- und Regionalpolitik, aber auch mit sozialpolitischen und juristischen Angelegenheiten im Kanzleramt nur in einem einzigen Referat. Des Weiteren sei die Behörde hinsichtlich des bereits angesprochenen Mangels an Personal in ihrer Leistungsfähigkeit nachhaltig beeinträchtigt. Auf Grund einer unüberlegten Personalpolitik existierten im Bundeskanzleramt ferner „personelle Verkrustungen", die sich dahingehend äußerten, dass im Haus zwar qualifizierte Leute tätig seien, „denen wegen der eng begrenzten Aufstiegschancen ein Fortkommen nicht möglich ist, andererseits gibt es Bedienstete, die den heute im Bundeskanzleramt an sich zu stellenden Anforderungen nicht mehr voll gerecht werden, nach Meinung der Ressorts aber auch bei ihnen nicht mehr effektiv eingesetzt werden können."[204]

Um den beschriebenen Defiziten entgegenzuwirken, strebte Horst Ehmke eine Gliederung des Kanzleramtes in fünf Abteilungen an. Nach der Amtsübernahme wurde dies entsprechend umgesetzt. Die erste Abteilung setzte sich nunmehr schwerpunktmäßig mit Fragen von Recht und Verwaltung, die zweite Abteilung mit auswärtigen Angelegenheiten und innerdeutschen Beziehungen sowie allgemeinen Fragen der äußeren Sicherheit auseinander. In einer dritten Abteilung wurden innere Angelegenheiten und in einer vierten Abteilung schließlich wirtschafts-, finanz- und sozialpolitische Fragen behandelt.[205] Der

---

[202]   Bei Amtsübernahme gliederte sich das Bundeskanzleramt in drei Abteilungen, Abteilung I übernahm in erster Linie Verwaltungsfunktionen, Abteilung II war für Außen-, Sicherheits- und Deutschlandpolitik, einschließlich Berlinpolitik, zuständig. Abteilung III war primär ein Wirtschafts- und Finanzressort in dem auch innere Angelegenheiten behandelt wurden. Vgl. Knoll, Bundeskanzleramt, ebd., S.182-191.

[203]   Vgl. Ehmke, Organisation, Personalstruktur und Unterbringung, ebd.

[204]   Vgl. ebd.

[205]   Vgl. Organisationsplan des Bundeskanzleramtes mit dem Stand vom 01.08.1970, in: Dep. Horst Ehmke, 1/HEAA000130, AdsD Bonn.

eigentliche Schwerpunkt, sowohl in ihrer Stellung als auch in der personellen Ausgestaltung, lag allerdings auf der neu geschaffenen Planungsabteilung, die die fünfte Organisationseinheit im Kanzleramt darstellte. Bereits der vormalige Leiter des Planungsstabes, Werner Krüger, hatte eine strukturelle Veränderung des Kanzleramtes und des Planungsstabes durchaus für bedenkenswert gehalten, auch wenn er darin die potenzielle Gefahr sah, dass Beamte letztendlich die Aufgaben des Kanzlers wahrnehmen würden. In der Realität sei dies aber immer noch von der Persönlichkeit des Kanzlers abhängig, so Krüger mit einem eindeutigen Seitenhieb auf Kanzler Kiesinger, der aus seinem Desinteresse, besonders im Bereich der Wirtschafts- und Finanzpolitik, meistens keinen Hehl gemacht hatte.[206] Inwieweit die nun von Horst Ehmke eingeleitete Reorganisation des Kanzleramtes Vorschlägen der alten Amtsleitung oder aber auch Vorbildern, etwa aus den Vereinigten Staaten folgte, ist schwer zu beurteilen. Für letzten Punkt spricht, dass sich Horst Ehmke im Frühjahr 1970 auf einer Amerikareise mit Mitarbeitern des Weißen Hauses in Washington getroffen und mit diesen Fragen der Organisation der Regierungszentrale erörtert hatte.[207] Dagegen stehen die mehrfachen Äußerungen Ehmkes und später auch Jochimsens, in denen sie dezidiert von amerikanischen Vorbildern Abstand nahmen.

Ein zentraler Tätigkeitsschwerpunkt der neugegründeten Abteilung war die Entwicklung der längerfristigen politischen Programme der Bundesregierung. Durch Aufstellung von mit den Ressorts abgestimmten Arbeits- und Zeitplänen sollte „eine langfristige Vorausschau auf allen Gebieten, das rechtzeitige Setzen von Prioritäten, eine Harmonisierung der Arbeit der Bundesregierung und die Durchführung einer permanenten Erfolgskontrolle, d.h. die Überwachung aller Vorhaben auf ihre Realisierung, aber auch auf ihre Realisierungsmöglichkeit hin sichergestellt werden."[208] Ferner sollte die Planungsabteilung als Zentrum des angestrebten Planungsverbundes fungieren, der bereits im November 1969 durch die Ernennung von Planungsbeauftragten in

---

[206]   Vgl. Memorandum Werner Krügers vom 15.07.1969, in: Dep. Horst Ehmke, 1/HEAA000295, AdsD Bonn.

[207]   Vgl. Vermerk Dr. Ulrich Sahms an Horst Ehmke vom 11.10.1970, in: Dep. Horst Ehmke, 1/HEAA000276, AdsD Bonn.

[208]   Vgl. Ehmke, Organisation, Personalstruktur und Unterbringung, ebd.

den Bundesministerien begründet wurde. Ihr kam somit auch eine zentrale Sekretariatsfunktion zu, da hier die Sitzungen des Planungsverbundes vorbereitet und die Geschäfte geführt wurden. Um die gesetzten Aufgaben professionell bewältigen zu können, gliederte sich die Planungsabteilung den Vorschlägen Ehmkes folgend zunächst in zwei Gruppen und zwei Referate. Das alte System wurde dabei durch die Schaffung von Gruppen ergänzt, die in der Amtshierarchie zwischen den Abteilungen und den Referaten verankert wurden und so die Funktion von Unterabteilungen einnahmen.[209] Auf diese Weise sollten der als zu starr empfundene Verwaltungsapparat aufgebrochen und Raum für Flexibilität und Eigeninitiative bei der Wahrnehmung von Aufgaben geschaffen werden.[210] So fügte sich diese neue Organisationseinheit in das von Ehmke propagierte Konzept von Hierarchieabbau und Teamarbeit. An erster Stelle stand im Fall der Planungsabteilung eine Gruppe für Aufgaben der operativen Planung. Inhaltlich war diese Gruppe für die Umsetzung des Regierungsprogramms in Gesetzgebungsvorhaben der Ressorts und bei sonstigen politischen Vorhaben zuständig. Mittels Projektgruppen sollte in Zusammenarbeit mit zuständigen Fachgruppen und den beteiligten Ressorts die Bundesregierung in die Lage versetzt werden, ein sachlich, finanziell und zeitlich abgestimmtes Gesamtprogramm zu entwickeln und durchzuführen. Gestützt auf das System der Planungsbeauftragten und ein noch zu erweiterndes System zur Datenverarbeitung und -erfassung sollte hier vor allem eine Verbesserung der vom Finanzministerium durchgeführten ressortorientierten Finanzplanung erreicht werden. Zudem kam dieser Gruppe auch die Aufgabe zu, alle Ressorts frühzeitig über Vorhaben der Bundesregierung zu informieren, um eine rechtzeitige Koordination zu gewährleisten. Ehmke erteilte in diesem Zusammenhang eine Absage an Mutmaßungen, dass man nun ein „ambitiöses Planungssystem etwa nach Art des amerikanischen Planning-Programming-Budgeting-

---

[209] Vgl. Flohr, Heiner, Die Tätigkeit der Planungsabteilung im Bundeskanzleramt, in: Steffani, Winfried (Hrsg.), Gesellschaftlicher Wandel und politische Innovation: Tagung der Deutschen Vereinigung für Politische Wissenschaft in Mannheim, Opladen 1972, S.54-69, hier: S.56f., sowie Süß, „Wer aber denkt…?", ebd., S.364f.

[210] Vgl. Busse, Organisation und Aufbau, ebd., S.213.

System"[211] einführen wolle. Vielmehr sei die Tätigkeit der Planungsabteilung als „eine Arbeitserleichterung für die einzelnen Ressorts, das Bundeskanzleramt und das Bundeskabinett" gedacht, „die eine – auf die Dauer auch mit Bundestag und Bundesrat abzustimmende – Arbeits- und Zeitplanung und insbesondere auch die Setzung von Prioritäten ermöglicht."[212]

Die zweite Gruppe beschäftigte sich mit Grundsatzfragen des Regierungssystems und stand somit in enger Verbindung zu der im Bundesministerium des Inneren angesiedelten Projektgruppe Regierung- und Verwaltungsreform, die auch über den Regierungswechsel hinaus weiter existierte. Die Mitarbeiter der in der Planungsabteilung angesiedelten Gruppe sollten sich mit den notwendigen Veränderungen des Regierungssystems beschäftigen, da man davon ausging, „daß die explosionsartigen Entwicklungen und Veränderungen auf technologischem und gesellschaftspolitischem Gebiet im letzten Drittel des 20. Jhdts. eine hohe Flexibilität der Organisationsform unseres Regierungssystems verlangen."[213] In dieser Sichtweise drückte sich abermals die beschriebene Auffassung aus, dass zukünftige Entwicklungen nur durch entsprechende funktionelle und strukturelle Verbesserungen und Angleichungen in den Organisationsformen der Regierungssysteme aufgefangen werden könnten. Zusätzlich zu den beiden genannten Gruppen kamen zwei Referate, die ebenfalls der Planungsabteilung zugeordnet wurden. Ihnen fiel die Aufgabe zu, sich mit modernen Planungstechniken zu beschäftigen. Damit waren in erster Linie die

---

[211] Vgl. Ehmke, Organisation, Personalstruktur und Unterbringung, ebd. Der Begriff des *Planning-Programming-Budgeting-System*, oder kurz PPBS, bezeichnet ein unter der Regierung von US-Präsident Lindon B. Johnson im Jahr 1965 eingeführtes Ausgabenplanungssystem für die gesamte US-Bundesexekutive. Dabei wurde angestrebt, budgetrelevante politische Planung und darauf beruhende Entscheidungen durch eine Konzentration verschiedener analytischer Instrumente zu verbessern. Gleichzeitig sollten Entscheidungen verstärkt von der Programm-, und nicht zuerst von der Ressourcenseite angegangen werden. Obwohl sich das System bereits ab Ende des Jahrzehnts in einem Stadium des Scheiterns befand und schließlich 1971 wieder abgeschafft wurde, darf sein Einfluss auf die internationale Planungsdiskussion nicht unterschätzt werden. Vgl. Böhret, Carl, Das Planning-Programming-Budegeting-System als zukunftsorientierte Entscheidungshilfe für die Regierung, in: Ronge, Volger/Schmieg, Günter (Hrsg.), Politische Planung in Theorie und Praxis, München 1971, S.158-169; sowie Wildavsky, Aaron, Plädoyer für die Trennung von politischer Analyse und PPBS, in: Naschold/Väth, Politische Planungssysteme, ebd., S.114-141.

[212] Vgl. ebd.

[213] Vgl. ebd.

„Vervollkommnung einer politischen Aufgabenplanung" und eine Auseinandersetzung mit modernen Kommunikations- und Dokumentationsmethoden,
also Fragen der Statistik und Datenverarbeitung sowie Prognoseverfahren gemeint, „die den Informationsbedürfnissen einer modernen Regierung gerecht
werden und zu einer effektiven Verklammerung von Politik und Wissenschaft
führen können."[214] Erklärtes Ziel dieser beiden Referate war es, Planungswis-
sen und zentrale Information in die Arbeit des Bundeskanzleramtes einfließen
zu lassen und Entwicklungen im gesellschaftlichen, industriellen und wissenschaftlichen Bereich zu beobachten.

Diese ursprüngliche Aufteilung in zwei Gruppen und zwei Referate wurde bis Mitte des Jahres 1971 dahingegen verändert, dass die Aufgabenzutei-
lung der Gruppen ergänzt und eine zusätzliche Gruppe geschaffen wurde. Die
Gruppen gliederten sich jetzt in die Arbeitsfelder ‚Politische Planung: Arbeitsprogramm der Bundesregierung' (Gruppe V/1), ‚Mehrjährige Finanzplanung,
gesamtwirtschaftliche Projektionen und deren Koordinierung, längerfristige
Ressourcenplanung' (Gruppe V/2) sowie ‚Grundsatzfragen des Regierungssystems' (Gruppe V/4). Nach der Regruppierung innerhalb der Planungsabteilung
kümmerten sich die beiden Referate in erster Linie um die Koordination von
technischen Angelegenheiten, wie die Implementierung und Erweiterung des
elektronischen Vorhabenerfassungssystems. Die Gewichtung der elektronischen Datenverarbeitung, deren Bedeutung sich in der laufenden Arbeit weiter
verstärkt hatte, zeigte sich in der alleinigen Zuordnung dieses Aufgabengebie-
tes zu einem Referat (Referat V/5), wogegen sich die zweite Sektion (Referat
V/3) mit den Bereichen ‚Information, Dokumentation, Statistik, Prognoseverfahren' beschäftigte. Das Aufgabenfeld von Gruppe V/4, die sich ursprünglich
primär mit dem Themenfeld der Regierungs- und Verwaltungsreform beschäftigt hatte, wurde um Fragen der methodischen Umsetzung der Planungsarbeit
und der Planungsorganisation ergänzt.[215] In das Aufgabenfeld der Gruppe für
‚Grundsatzfragen des Regierungssystems' fiel nunmehr auch die Finanzverwaltung der Planungsabteilung, die in ihrer Mittelbewirtschaftung im Gegen-

---

[214]   Vgl. Ehmke, Organisation, Personalstruktur und Unterbringung, ebd.
[215]   Vgl. Organisationsplan des Bundeskanzleramtes mit dem Stand vom 01.07.1971, in: Dep.
        Horst Ehmke, 1/HEAA000276, AdsD Bonn, sowie Flohr, Die Tätigkeit der Planungsabtei-
        lung, ebd., S.55f.

satz zu den anderen Abteilungen im Bundeskanzleramt von dessen Zentralabteilung abgekoppelt war. Der Grund für diese finanzielle Loslösung vom restlichen Kanzleramt war dem Wunsch geschuldet, erhebliche Finanzmittel, etwa für die kostspielige EDV-Ausstattung, die entsprechende Schulung des Personals oder für die zahlreichen Mitarbeiter mit Zeit- und Honorarverträgen flexibel einzusetzen. In diesem Zusammenhang wird deutlich, dass durch die Planungsabteilung das klassische Schema des Beamtenapparats konterkariert wurde; zum einem durch die Trennung im Rahmen der Finanzverwaltung, zum anderen durch die erweiterte Öffnung der Personalstruktur für externe Mitarbeiter. Auf diese Weise wurde mit traditionellen Behördenstrukturen gebrochen.[216] Zugleich führte die Sonderstellung der Planungsabteilung im Organisationsgefüge des Bundeskanzleramtes aber auch zu internen Spannungen. Durch ihre universale Arbeitsausrichtung wurden regelmäßig die Aufgabenfelder der anderen Fachabteilungen des Amtes tangiert, was für die Akzeptanz der Planer im eigenen Haus nicht förderlich war. Dies äußerte sich auch in einem grundlegenden Misstrauen gegenüber den meist von außen hinzugezogenen, wissenschaftlich arbeitenden Planern.[217] Die Mitarbeiter der Planungsabteilung kämpften folglich schon im eigenen Haus mit den Problemen, die ihnen auch auf Regierungsebene entgegenstehen sollten.

In der Personalstruktur machte sich zudem bemerkbar, dass es mit dem Machtwechsel von 1969 erstmals seit Gründung der Bundesrepublik zu einem Übergang der Regierungsführung auf eine andere Partei gekommen war. Ein Großteil des Verwaltungspersonals und der leitenden Beamtenschaft hatte bereits den Vorgängerregierungen gedient und wurde von den neuen Hausherren in vielen Fällen als nicht vertrauenswürdig eingestuft. Aus diesem Grund drängte Horst Ehmke Kanzler Brandt zu einem Austausch des gesamten Führungspersonals. Dieser schreckte zunächst vor einem radikalen Bruch zurück, ließ aber seinem Kanzleramtschef schließlich freie Hand in seiner Personalpolitik.[218] Zu einem wirklich tiefgreifenden Einschnitt in der personellen Aufstellung, wie offensichtlich von Brandt befürchtet, kam es schließlich nicht, auch

---

[216] Vgl. Knoll, Bundeskanzleramt, ebd., S.190f.
[217] Vgl. zu dieser Einschätzung ebd., S.204f.
[218] Vgl. „Kanzleramt: Dünne Decke", ebd.

wenn in diesem Zusammenhang das Zitat geprägt wurde: „Der Horst macht das schon. Der geht einmal mit der Mpi durchs Palais Schaumburg, und – ra-ta-ta-ta – schon stimmt die Chose."[219]

Am ersten Amtstag der neuen Regierung wurden zunächst drei leitende Beamte, Werner Krüger, bis dahin Leiter des Planungsstabes, Dr. Johannes Prass, Leiter der Wirtschaftsabteilung sowie Dr. Horst Osterheld, Leiter der Abteilung Außenpolitik, von ihren Aufgaben entbunden. Dazu kamen die beiden Staatssekretäre im Bundeskanzleramt Karl Carsten und Karl Krautwig. Neben genannten Personen traf dies noch auf eine Reihe weiterer Beamter in Leitungspositionen zu, Ehmke selbst spricht von 20 Beschäftigten, die teilweise in den einstweiligen Ruhestand oder in andere Ministerien versetzt wurden.[220] Neben den Neubesetzungen der Führungspositionen forcierte Ehmke die Wiedereinführung eines Personalrotationssystems zwischen Kanzleramt und Ministerien, das unter den Vorgängerregierungen zwar auf dem Papier existiert hatte, aber beinahe gänzlich zum Erliegen gekommen war.[221] Durch den regelmäßigen Austausch von Mitarbeitern hoffte er zum einen die Stellung des Kanzleramtes im Regierungssystem zu stärken und zum anderen, die angesprochenen Verkrustungen im Personalbereich aufzubrechen. Durch die Einrichtung von Planstellen und die Neuschaffung von regulären Stellen wurde die Zahl der Bediensteten innerhalb kurzer Zeit von ursprünglich 264 auf schließlich circa 400 erhöht. Allein die Planungsabteilung wurde in ihrem Personalumfang im Vergleich zum Planungsstab zur Zeit der Großen Koalition massiv erweitert und zählte Mitte des Jahres 1971 23 festangestellte Mitglieder.[222] Zum Vergleich: Zum Ende der Regierung Kiesinger waren lediglich

---

[219] Vgl. ebd.; sowie Ehmke, Mittendrin, ebd., S.111.

[220] Vgl. Vermerk Horst Ehmkes an Willy Brandt, Dieter Spangenberg, Egon Bahr, „Übernahme Bundeskanzleramt", ohne Datum [Februar 1970], in: Dep. Horst Ehmke, 1/HEAA000294, AdsD Bonn; sowie Zundel, Rolf, „Ehmkes Beutezug im Kanzleramt", in: Die Zeit vom 13.03.1970; Ehmke, Mittendrin, ebd., S.110f.

[221] Vgl. „Kanzleramt: Rund um die Uhr", in: Der Spiegel, 3/1970, vom 12.01.1970.

[222] Vgl. Niclauß, Karlheinz, Kanzlerdemokratie, Paderborn 2004, S.135; sowie „Kanzleramt: Rund um die Uhr", ebd.; Grossner, Klaus, „Wem Zukunft verplant wird", in: Die Zeit vom 09.04.1971.

fünf ständige Mitarbeiter und zwei zeitweilig beschäftigte Wissenschaftler im Planungsstab tätig.[223]

Auch wenn seine Umstrukturierungspolitik weniger drastische Züge hatte als vielfach angenommen, machte sich Ehmke dennoch innerhalb des Kanzleramtes Feinde. So beschuldigte ihn Ministerialrat Klaus Seemann, Personalratsvorsitzender und ebenfalls seit Ludwig Erhard im Kanzleramt beschäftigt, er benehme sich wie Katharina de Medici und seine Personalpolitik komme der Pariser Bluthochzeit gleich, bei der Tausende Hugenotten umgebracht worden waren.[224] Obwohl von den Zeitgenossen der personelle Umbau des Kanzleramtes, der sich vor allem auf der Führungsebene vollzog, als einschneidend empfunden wurde, war die Kontinuität zu den Vorgängerregierungen dennoch erheblich. Sie lässt sich exemplarisch im Verweilen des Verwaltungsfachmannes Hartmut Bebermeyer und des Kiesinger-Vertrauten Reinhard Schmöckel in zentralen Positionen, aber auch in der Fortsetzung des Beschäftigungsverhältnisses mit zahlreichen Beamten des alten Kanzleramtes festmachen. Dies gilt im besonderen Maße auch für die Planungsabteilung.[225]

Ab März 1970 übernahm Reimut Jochimsen, „an Dynamik und Arbeitskraft Minister Ehmke nicht nachstehend"[226], wie Hartmut Bebermeyer bemerkte, die Leitung der Planungsabteilung. Diese war bisher übergangsweise von Ministerialdirigent Hans Joachim Hegelau geleitet worden, den Ehmke aus dem Justizministerium mitgebracht hatte. Hegelau wurde in Folge die Leitung der Gruppe Politische Planung übertragen. Der Volkswirt Hartmut Bebermeyer übernahm die Leitung der Gruppe Planungsmethoden. Der ehemalige Wahlkreisreferent Kiesingers, Reinhard Schmöckel, wurde in der Planungsabteilung mit Fragen der Regierungs- und Verwaltungsreform betraut. Zu weiteren zentralen Personen der Planungsabteilung zählten der Jurist Adolf Theis, der in der Großen Koalition das Forschungsministerium in der Projektgruppe vertreten

---

[223]   Vgl. Übersicht über die Ausgaben des Planungsstabes im Rechnungsjahr 1969 vom 15.10.1969, in: Dep. Horst Ehmke, 1/HEAA000294, AdsD Bonn.

[224]   Vgl. „Kanzleramt: Horst von Medici", in: Der Spiegel, 10/1970, vom 02.03.1970.

[225]   Vgl. Ruck, Michael Westdeutsche Planungsdiskurse und Planungspraxis, ebd., S.317; sowie Süß, „Wer aber denkt...?", ebd., S.365.

[226]   Vgl. Bebermeyer, Regieren ohne Management?, ebd., S.47.

hatte, und nun als Planungsreferent im Bundeskanzleramt tätig wurde,[227] sowie die ehemalige SPD-Bundestagsabgeordnete und studierte Volkswirtin Ursula Krips, die die Ressourcengruppe leiten sollte und im Dezember 1969 dazustieß.[228] Die Planungsabteilung wich in ihrer Personalstruktur darüber hinaus erheblich von den anderen Organisationseinheiten des Bundeskanzleramtes ab, da sie zusätzlich zum festangestellten Stammpersonal bis zu 50 wissenschaftliche Mitarbeiter auf Honorarbasis beschäftigte.[229]

IV.2.2 Neubaupläne und ihre Umsetzung

Zentrales Element und sichtbarster Ausdruck für Horst Ehmkes Absicht, die Regierungsarbeit zu modernisieren, wurden die Pläne zum Neubau eines Kanzleramtes, das den angestrebten organisatorischen Veränderungen Platz bieten, aber auch symbolisch für den neuen Stil der Regierung stehen sollte. Bereits unter der Vorgängerregierung waren interne Neubaupläne entwickelt worden, die die Schaffung neuer, geeigneter Büroräume mit einer Gesamtfläche von 3000qm vorsahen. Diese wurden allerdings von der neuen Amtsleitung verworfen, da sie in ihren Augen „die unzureichende Gesamtstruktur des Gebäudekomplexes nicht geändert, sondern die Mängel und Unzulänglichkeiten nur vermehrt hätten."[230] Für seine Vorstellungen eines Neubaus der Regierungszentrale ließ sich Ehmke zunächst die grundsätzliche Zustimmung des Kabinetts erteilen und freie Hand in der Umsetzung gewähren.[231]

    In Zusammenarbeit mit Organisationsfachleuten des Quickborner Teams[232], der Heidelberger Studiengruppe für Systemforschung, dem Bundesfinanzministerium, der Bundesbaudirektion und dem Bundespresseamt sollte

---

[227] Vgl. Organisationsplan des Bundeskanzleramtes mit dem Stand vom 01.07.1971, in: Dep. Horst Ehmke, 1/HEAA000276, AdsD Bonn.

[228] Vgl. „Kanzleramt: Rund um die Uhr", ebd.

[229] Vgl. „Planungsstab: Vision von 1985", in: Der Spiegel, 29/1971, vom 12.07.1971.

[230] Vgl. Ehmke, Organisation, Personalstruktur und Unterbringung, ebd.

[231] Vgl. Brief Horst Ehmkes an Herbert Wehner vom 12.02.1970, in: Dep. Horst Ehmke, 1/HEAA000392, AdsD Bonn.

[232] Ähnlich wie bei der Heidelberger Studiengruppe für Systemforschung handelte es sich beim Quickborner Team um eine eigenständige Institution, die sich primär der Optimierung von Organisationskreisläufen und der organisatorischen Gebäudeplanung verschrieben hatte. Vgl. „Parlaments-Reform: Mit Quickies", in: Der Spiegel, 19/1971, vom 03.05.1971.

der Funktionszusammenhang eines modernen Kanzleramtes bestimmt und daraus ein organisatorisches Konzept für einen Neubau entwickelt werden. In der Ausschreibung für den Architekturwettbewerb wurde schließlich explizit gefordert, "daß hier nicht ein übliches Bürohaus zu planen ist, sondern ein Gebäude, das erkennen läßt, daß hier Kanzler und Kabinett residieren, das Teamarbeit fördert und dessen Gestalt nicht vom hierarchischen Organisationsprinzip bestimmt wird."[233] Der Bauherr verbat sich dabei ausdrücklich die Errichtung eines „Nationaldenkmals" und forderte, „äußere wie innere Gestalt des neuen Kanzleramtes sollen in erster Linie die Arbeitsfunktionen des Amtes bestimmen."[234] Durch die Ermöglichung von herrschaftsfreier Kommunikation sollte das neue Gebäude dynamische Prozesse anregen und auf diese Weise ein Höchstmaß an planerischer Kreativität versinnbildlichen.[235] Wie sehr Horst Ehmke in diesem Bereich futuristischen Vorstellungen anhing, zeigt sein zu Beginn der Planungen geäußerter Wunsch, „den geplanten Neubau des Bundeskanzleramtes so anzulegen, daß die einzelnen Abteilungen um den gläsernen Rundbau des Kanzlerbüros rotieren und automatisch zur Chefbesprechung herangerollt werden können."[236]

Neben der angepeilten symbolischen Außenwirkung und einer stimulierenden Atmosphäre für die Arbeiter im Inneren sollte das neue Kanzleramt aber vor allem nach dem neusten technischen Stand ausgestattet werden. Dazu gehörten neben einem abhörsicheren Konferenzraum und einem eigenem Lage- und Krisenzentrum mit den entsprechenden Fernmeldeeinrichtungen auch die Möglichkeit zur Unterbringung einer elektronischen Datenverarbeitungsanlage.[237] Der Entwurf der Planungsgruppe Stieldorf, der schließlich als Gewinner aus dem Architektenwettbewerb hervorging, trug am ehesten diesen technischen Anforderungen Rechnung. Das Gebäude, bewusst niedrig gehalten, strahlte ein Höchstmaß an Nüchternheit aus und ließ jegliche Andeutung von Erhabenheit und Würde vermissen. Mit einer Nutzfläche von 44.000qm stellte

---

[233] Vgl. Bode, Peter M., „Grau und korrekt im Niemandsland", in: Der Spiegel, 41/1975, vom 06.10.1975.

[234] Vgl. Wefing, Heinrich, Die Heimatlosigkeit der Macht – Zur Architektur der deutschen Kanzlerämter, in: Biermann, Harald, Die Bundeskanzler und ihre Ämter, ebd., S.199.

[235] Vgl. Görtemaker, Geschichte der Bundesrepublik Deutschland, ebd., S.519.

[236] Vgl. Blank, „Horst Ehmke und der Zwang zur Stärke", ebd., S.395.

[237] Vgl. „Kanzleramt: Der Macher", ebd.

das neue Kanzleramt zwar den benötigten Platz bereit, war aber vollkommen überdimensioniert, was in einem teilweisen Leerstand nach seiner Fertigstellung deutlich wurde. Mit seiner rostbraunen Außenhaut und seinen verschobenen Proportionen strahlte das streng geometrische Gebäude in den Augen vieler Zeitgenossen den Charme einer Versicherungszentrale aus, eine „einzige Kalamität"[238], wie der erste Hausherr, Bundeskanzler Helmut Schmidt, der den Neubau 1976 bezog, einmal bemerkte.[239]

IV.3 Frühkoordination und Vorhabenerfassung

Als ein Kernproblem, das der Modernisierung von Regierung und Verwaltung und somit auch den angestrebten inneren Reformen entgegen stand, wurde der seit Mitte der sechziger Jahre zunehmende Ressortpartikularismus identifiziert. Bereits die Projektgruppe Regierungs- und Verwaltungsreform hatte in ihren Vorschlägen von August 1969 die Schaffung eines Planungsverbundes vorgeschlagen, der zu einer Straffung der Ressortarbeit und zu einer besseren Information der Regierung über die Arbeit in den Ministerien beitragen sollte. Nach dem Regierungswechsel gehörte der Aufbau eines solchen Systems, das maßgeblich vom neuen Chef des Kanzleramtes vorangetrieben wurde, zu den ersten sichtbaren Aktionen der neuen Regierung. Die Hoffnungen, die dabei in die Schaffung eines solchen Koordinationsgremiums gesetzt wurden, waren weitreichend. Man wollte durch die rechtzeitige Information von Bundeskanzler und Kabinett der Regierung den Handlungsspielraum wiedergeben, den sie, in der Wahrnehmung der sozialliberalen Reformer, zuvor eingebüßt hatte. Auf diese Weise hoffte man, die angestrebten inneren Reformen mittels einer wiedererstarkten Richtlinienkompetenz des Kanzlers ganzheitlich umsetzen zu können. Denn nur durch ausreichende Informationen über die Arbeit in den einzelnen Regierungsbereichen wären Kanzler und Kabinett überhaupt in der Lage, ein solch umfassendes Programm, wie das der inneren Reformen, auch

---

[238]   Vgl. Wefing, Heinrich, Die Heimatlosigkeit der Macht, ebd., S.199.
[239]   Vgl. ebd.

erfolgreich durchzuführen. Die bisherige Informationspolitik wurde diesbezüglich als defizitär empfunden. [240]

IV.3.1 Der Planungsverbund auf Bundesregierungsebene

Um einen kooperativen Planungsverbund im Regierungsbereich zu etablieren,
standen die Weiterentwicklung der Ressorts im Bereich ihrer Fachplanungen
sowie die Erhöhung der Kapazitäten des Bundeskanzleramtes und der Ressorts
mit Hinblick auf eine politische Gesamtplanung an erster Stelle. Eine solche
politische Gesamtplanung hatte nach der Vorstellung Horst Ehmkes zwei zentrale Funktionen zu erfüllen. Auf der einen Seite musste die angesprochene In-
formationsfunktion gewährleistet werden, da Planung ohne ausreichende Informationsbasis nicht möglich war. Dem Kanzleramt kam, und dies war für
Ehmke die zweite zentrale Funktion, zudem eine Koordinationsfunktion zu.
Über das Kanzleramt sollten die Planung der Ressorts untereinander vernetzt
und so eine Querschnittsplanung und eine politische Koordination der Vorhaben in den einzelnen Ministerien ermöglicht werden. Ehmke teilte dabei das
politische Bonn in eine politische Ebene – in seinen Augen die Mitglieder des
Kabinetts – und eine operationelle Ebene – für ihn die einzelnen Ressorts –
ein. Durch eine übergreifende Planung sollte nun jeder Fachreferent in den
Ressorts in die Lage versetzt werden, dass er „wenigstens so viel von der Tätigkeit seiner Kollegen weiß, wie er zur Erfüllung seiner Aufgaben wissen
muß."[241] Auf diese Weise sollte die Arbeit der operationellen Ebene näher an
die Kabinettsebene herangerückt werden, da dem Kanzleramt eine zentrale
Funktion bei der Auswertung und Koordinierung der Ressortarbeit zukam.
Man hoffte dadurch das Kabinett zu befähigen, in die Arbeit der Ministerialre-
ferate, beispielsweise bei Gesetzgebungsvorhaben, zu einem Zeitpunkt ein-
zugreifen, zu dem noch grundlegende Änderungen an laufenden Verfahren
möglich waren. Bisher war das Kabinett erst zu einem späteren Zeitpunkt, an
dem wichtige Weichenstellungen im Entstehungsprozess einer Regierungs-

---

[240] Vgl. Mitteilung von Horst Ehmke an Günter Gaus am 08.10.1969, ebd.; sowie rückblickend
       Ehmke, Horst, Planung im Regierungsbereich, Aufgaben und Widerstände, in: Bulletin der
       Bundesregierung Nr.187, 16.12.1971, S.2026-2035, hier: S.2030.
[241] Vgl. Ehmke, Planung im Regierungsbereich, ebd., S.2031.

maßnahme bereits erfolgt waren, mit der Arbeit der Ressorts in Berührung gekommen. Der Handlungsspielraum beschränkte sich deshalb, auf Grund des
fortgeschrittenen Entwicklungsstadiums, häufig nur auf kleinere Änderungen
der angestrebten Maßnahme und auf eine Prüfung der Vereinbarkeit mit der
Regierungspolitik.[242]

Um dieses skizzierte Anliegen auch in die Praxis umzusetzen, wurden bereits Ende November 1969, also wenige Wochen nach der Regierungsübernahme, in allen Ministerien und dem Presse- und Informationsamt Planungsbeauftragte im Rang von Abteilungsleitern ernannt. Die einzelnen Vertreter
der Ministerien trafen sich fortan zweimal monatlich, zunächst unter wech-
selnder, ab März 1970 schließlich unter der Leitung Reimut Jochimsens in seiner Funktion als Vorsitzender der Planungsabteilung im Bundeskanzleramt.
Der Anspruch an die Tätigkeit der Planungsbeauftragten war dabei, dass sie
Projekte innerhalb ihrer Ministerien auf eine höhere Ebene kommunizieren
und auf diese Weise die Arbeit der Ressorts untereinander verbessern sollten.
Horst Ehmke beschrieb die an das System gestellten Erwartungen wie folgt:
„Die Planungsbeauftragten sollen die Projekte der Ressorts unter inhaltlichen,
zeitlichen und finanziellen Gesichtspunkten zu Arbeitsprogrammen der Bundesregierung zusammenfassen. […] Die Planungsbeauftragten sollen darüber
hinaus Planungsprozesse in den Ressorts und zwischen den Ressorts anregen
und fördern."[243] Die Beauftragten arbeiteten dem Kreis der beamteten Staatssekretäre zu, der sich wöchentlich unter Leitung des Chefs des Bundeskanzleramtes traf, um das Kabinett in der Koordinierung der Regierungstätigkeit zu
unterstützen. Durch die enge organisatorische Zuordnung zum Kreis der
Staatssekretäre sollte eine Verknüpfung der Planungsarbeit in den Ressorts und
im Bundeskanzleramt mit dem Kabinett erreicht werden.[244]

Eine konkrete Aufgabenbeschreibung, die das Tätigkeitsfeld der neu geschaffenen Beauftragten näher eingegrenzt hätte, existierte zunächst nicht. Auf
der konstituierenden Sitzung umschrieb Ehmke das angestrebte Ziel, das mittels der Planungsbeauftragten erreicht werden sollte, in der schrittweisen Ent-

---

[242]   Vgl. Süß, „Wer aber denkt…?, ebd., S.366.
[243]   Vgl. Ehmke, Planung im Regierungsbereich, ebd., S.2031.
[244]   Vgl. ebd.

wicklung eines längerfristigen kohärenten Programms der innenpolitischen Vorhaben der Bundesregierung. Ein besonderer Schwerpunkt sollte dabei auf Vorhaben mit finanziellen Auswirkungen gelegt werden.[245] Anfang Januar 1970 wurde dem Kreis der Planungsbeauftragten ein von der Planungsabteilung im Bundeskanzleramt entworfenes Diskussionspapier vorgelegt, das eine detaillierte Aufgabenbeschreibung des Gremiums enthielt. Die Absicht war es, die Beauftragten zu den eigentlichen Organisatoren und Moderatoren der jeweiligen Ressortplanung zu machen. Auf diese Weise hoffte man, die einzelnen Ressorts stärker zu eigenständiger Planung zu motivieren. In einer Sitzung der Planungsbeauftragten Ende Januar 1970 wurde dieser Absicht der Planer im Kanzleramt allerdings eine Absage erteilt, da die vorgelegte Aufgabenbeschreibung als zu weitgehend kritisiert wurde. Solche umfassenden Aufgaben, so der Tenor, könnten nur von hauptamtlichen Planungsbeauftragten erledigt werden. Auch ein zweiter Versuch der Planungsabteilung, die Aufgaben der Ressortplaner schriftlich zu fixieren scheiterte, diesmal allerdings am Widerstand der Staatssekretäre in den Ministerien, die befürchteten, auf diese Weise Einfluss in ihren eigenen Häusern zu verlieren.[246]

In der Tatsache, dass es der Planungsabteilung bereits zu Anfang ihrer Tätigkeit nicht gelang, den Planungsbeauftragten einen festen Aufgabenkatalog und somit auch Zielvorgaben zuzuschreiben, offenbarte sich bereits ein grundlegendes Problem der holistischen Konzeption der Planer im Bundeskanzleramt. Dabei sind die Gründe für die Widerstände, die diesem speziellen Vorhaben entgegengebracht wurden, in hohem Maße symptomatisch für die Schwierigkeiten, mit denen sie sich auch im Zuge ihrer weiteren Arbeit auseinandersetzen mussten. Zwar zeigten sich die neu ernannten Planungsbeauftragten zu Beginn ihrer Tätigkeit Planungskonzeptionen gegenüber aufgeschlossen, dies änderte sich allerdings in dem Augenblick, in dem beabsichtigt wurde, ihre Aufgaben zu fixieren und damit auch eine Verpflichtung zur Planungsarbeit in den Ressorts einzuführen. Da ein Großteil der Beauftragten Planungsaufgaben neben ihrer regulären Tätigkeit, meist als Abteilungsleiter,

---

[245]   Vgl. Bebermeyer, Regieren ohne Management?, ebd., S.50.
[246]   Vgl. ebd., S.105, sowie Brief des Projektleiters der Studiengruppe für Systemforschung, Andreas Jentzsch, an Reimut Jochimsen vom 03.02.1970, in: Nachlass Reimut Jochimsen, 1/RJA000015, AdsD Bonn.

ausübten und in den meisten Ministerien auch keine zusätzlichen Stellen für Planungsarbeit geschaffen wurden, sträubten sie sich gegen diese zusätzliche Arbeitsbelastung. Der Widerstand aus dem Kreis der beamteten Staatssekretäre, die in erster Linie eine Einmischung des Kanzleramtes in ihre Ressorts über die Institution der Planungsbeauftragten fürchteten, ist in ähnlicher Weise bezeichnend. So zeigte sich hier, wie ausgeprägt die Ressentiments in den Ministerien bereits zu diesem frühen Zeitpunkt gegenüber dem Kanzleramt und der Planungsabteilung waren.

Trotz dieses anfänglichen Disputes zwischen den Planern im Bundeskanzleramt und den einzelnen Ressorts lief der neu eingerichtete Planungsverbund zunächst scheinbar gut an. Die Ressorts machten von den neu eingeführten Systemen zur Informationsrückkopplung in Form von so genannten Datenblättern intensiv Gebrauch. Reimut Jochimsen resümierte hierzu im Frühjahr 1970: „Die Informationsbasis zu schaffen, ist der erste Schritt, der für ein Aufgabenplanungs- und Koordinationssystem unerläßlich ist."[247] Er verwies in diesem Zusammenhang auf eine Anordnung aus dem Jahre 1950, in der festgelegt worden war, dass die Ministerien monatlich einen Bericht über Tätigkeiten von allgemeinem Interesse dem Kanzleramt vorlegen sollten. Das jetzt im Aufbau befindliche Planungssystem sei quasi die Erweiterung dieser Verordnung, da es intendiere, dass nun „alle Vorhaben, die Kabinettsreife erlangen oder auf andere Weise den Bereich der Bundesregierung verlassen oder sonst von wesentlicher politischer Bedeutung sind, gemeldet werden, um eine gemeinsame Informationsbasis zu liefern. Diese Informationsbasis ist jetzt in den Anfängen gegeben", so Jochimsen im Bezug auf die Planungsbeauftragten, „was allerdings noch nicht voll gegeben ist, betrifft das, was man als Informationsleistung bezeichnen könnte, nämlich die Auswertung dieser Information."[248] Was Jochimsen in seine Überlegungen zudem nicht einbezog, war, dass die angeführte Anordnung keine Informationspflicht der Ressorts gegenüber der Regierung festschrieb. Dieser Umstand, gepaart mit der Tatsache, dass den Planungsbeauftragten kein verbindlicher Aufgabenkatalog zugeschrieben wur-

---

[247] Vgl. Jochimsen, Zum Aufbau und Ausbau eines integrierten Aufgabenplanungssystems, ebd., S.953.

[248] Vgl. ebd.

de, führte in der Folgezeit und mit dem nachlassendem Elan der Beauftragten zu tiefgreifenden Koordinationsproblemen.

IV.3.2 Politische Frühkoordinierung und das Aufgabenplanungssystem

Der Aufbau eines Frühkoordinations- und Informationssystems war ein essenzieller Bestandteil der Planungskonzeption, die ab Herbst 1969 verfolgt wurde. Als unumgängliche Voraussetzung für eine erfolgreiche Koordinationsarbeit kam dem Ausbau von Mechanismen und Gremien zur Informationsbeschaffung und Verarbeitung innerhalb des Regierungsapparates ein zentraler Stellenwert zu. Auf ihrer ersten Sitzung am 28. November 1969 beschlossen die neu ernannten Planungsbeauftragten die Entwicklung eines einheitlichen Informationssystems für die Regierung und die Ministerien. Auch bei dieser Entscheidung stand die Projektgruppe Regierungs- und Verwaltungsreform Pate, die sich noch zu Zeiten der Großen Koalition für die Einführung eines formalisierten Erfassungssystems stark gemacht hatte. In einem solchen System, so der Vorschlag der Projektgruppe, sollten die Ministerialressorts auf so genannten Datenblättern neue Vorhaben sechs Monate vor ihrer Entscheidungsreife an die Planungsabteilung im Bundeskanzleramt melden. Dabei sollten all diejenigen Vorhaben, die im Kabinett und seinen Ausschüssen, sowie jene, die im Bundestag verhandelt würden, ohne dabei dem Kabinett vorgelegt worden zu sein, berücksichtigt werden. Ferner wurden solche Vorhaben, die zwar den Bundesrat und die Europäische Gemeinschaft tangierten, in ihrer Bedeutung für die Bundesrepublik aber als besonders wichtig gewertet wurden, ebenfalls in das System integriert.[249]

Neben dem beabsichtigten Fokus auf solche kurzfristig erreichbaren verwaltungsorganisatorischen Verbesserungen hatte das neue Informationssystem allerdings auch einen erzieherischen Charakter. Eine Absicht Horst Ehmkes und Reimut Jochimsens war es, über dieses erste flächendeckende maschinelle Auswertungsverfahren die Mitarbeiter in den Ressorts und in der Verwaltung für eine solche Arbeitsweise zu sensibilisieren. Denn langfristig, so formulierte

---

[249]   Vgl. Brauswetter, Hartmut H., Kanzlerprinzip, Ressortprinzip und Kabinettsprinzip in der ersten Regierung Brandt 1969-1972, Bonn 1976, S.35; sowie Bebermeyer, Regieren ohne Management?, ebd., S.58f.

es der Leiter der Planungsabteilung, „wird das computerbasierte Informations-system zum Kernstück der gesamten Regierungsplanung avancieren."[250] Die ersten Verbesserungen in der Abstimmung zwischen Ressorts, Kabinett und Kanzleramt wurden folglich nur als der erste Schritt hin zu einem wirklichen Frühkoordinationssystem begriffen. „Unmittelbares Ziel des neuen Informati-onssystems ist es", unterstrich Horst Ehmke, „eine möglichst vielseitige und frühzeitige Unterrichtung des Bundeskanzlers und der Minister über die we-sentlichen Vorhaben aller Ressorts zu sichern; die Frühkoordinierung der Re-gierungsaktivitäten innerhalb der Ressorts und mit dem Bundeskanzleramt zu verbessern, und eine systematischere Zeitplanung […] zu erleichtern."[251] Von einem solchen System erhoffte man sich zudem die Möglichkeit einer sachli-chen, zeitlichen, finanziellen und politischen Abstimmung aller Gesetze, Be-richte, Verordnungen und anderer Regierungsvorhaben von Bedeutung zur Zeit ihres Entstehens.[252] Durch eine frühzeitige Kombination zusammenhän-gender Vorhaben wollte man Zielkonflikte rechtzeitig beseitigen und politi-sche und sachliche Alternativen aufzeigen. Neben einer sachlichen und zeitli-chen Prioritätensetzung sollte die Informationsauswertung über das Daten-blattverfahren auch als eine Art Frühwarnsystem für die Finanzplanung sowie für politische Initiativen des Kanzlers und der Minister gegenüber Parlament und Öffentlichkeit dienen.[253]

Am 1. Januar 1970 wurde schließlich das erste Datenblatt offiziell einge-führt. Nach mehreren Revisionen konnten Mitte April 1970 auf der Größe ei-ner DIN-A4 Seite insgesamt 26 Einzelinformationen abgefragt werden. Neben einer stichwortartigen Inhaltsangabe, den beteiligten Ressorts, der Art des Vorhabens und seinen Auswirkungen auf den Bundeshaushalt wurden unter anderem erkennbare Bezüge zum Reformprogramm der Bundesregierung und zur Regierungserklärung abgefragt. Zuletzt sollte schließlich noch Auskunft

---

[250] Vgl. Arbeitspapier Reimut Jochimsens zu den Reformvorhaben der Bundesregierung vom 15.01.1971, in: Nachlass Reimut Jochimsen, 1/RJA000037, AdsD Bonn.

[251] Vgl. Ehmke, Planung im Regierungsbereich, ebd., S.2032.

[252] Vgl. Bebermeyer, Hartmut, Das politische Planungssystem der Bundesregierung – Entwick-lung und Stand der institutionellen Voraussetzungen und Instrumentarien, in: Jochimsen, Reimut/Simonis, Udo E. (Hrsg.), Theorie und Praxis der Infrastrukturpolitik, Berlin 1970, S.713-732, hier: S.725.

[253] Vgl. Ehmke, Planung im Regierungsbereich, ebd., S.2032.

über den zu erwartenden zeitlichen Ablauf und die befassten Gremien gegeben werden. Diese Informationen wurden gesammelt an die Planungsabteilung des Bundeskanzleramtes zurückgeschickt, wo sie nach maschineller Auswertung allen Angehörigen von Regierung und Verwaltung zur Verfügung stehen sollten.[254] Durch dieses Verfahren wurde beabsichtigt, die angestrebte rechtzeitige Information des Bundeskanzlers und des Kabinetts über die zentralen Vorhaben der Ressorts sicherzustellen und die Tagesordnung der Kabinettssitzungen frühzeitig festzulegen. Auf diese Weise hoffte man, das Kabinett von Arbeit zu entlasten, da im Vorfeld der Kabinettssitzungen mögliche Probleme bereits zwischen dem Bundeskanzleramt und den Ressorts geklärt werden sollten. Ebenfalls in naher Zukunft sollte das Datenblattverfahren auch das frühzeitige Erkennen finanzieller Lasten und damit eine höhere Vereinbarkeit mit der vom Bundesministerium der Finanzen erstellten mehrjährigen Finanzplanung ermöglichen. Neben dieser Verbesserung im Bereich der direkten Information des Kabinetts und des Bundeskanzlers hoffte man durch das Datenblattverfahren auch die Arbeit in den Ressorts zu optimieren. So beabsichtigte man, das durch Mitarbeiter der Planungsabteilung durchgeführte Datenauswertungsverfahren so zu programmieren, dass alle Ressorts spezifizierte Anfragen an das Kanzleramt richten könnten. Auf diese Weise wollte man dezidierte Informationen über die Arbeit in anderen Ressorts und Fachabteilungen weitergeben und so zur Bildung von Synergieeffekten beitragen, die wiederum zu einer Arbeitsentlastung auf breiter Ebene führen sollten.[255]

Obwohl die technische Etablierung dieses Systems mit Nachdruck verfolgt wurde, ergab sich eine Vielzahl von Problemen, die einer schnellen Einführung im Wege standen. Das System der Informationsabfrage mittels Datenblatt stieß in den Ressorts anfangs auf eher verhaltene Zustimmung. Viele Referenten hatten zunächst Bedenken, ihre interne Arbeit gegenüber dem Kanzleramt vollständig offenzulegen. Diese Stimmung besserte sich, als von Seiten der Ressorts die offensichtlichen Vorzüge des frei zugänglichen Informationssystems erkannt wurden. Im ersten Halbjahr nach Einführung des Systems

---

[254] Vgl. Muster des Datenblattes zur Vorhabenerfassung und Erläuterungen zum Datenblatt mit dem Stand von Mai 1970, in: Nachlass Reimut Jochimsen, 1/RJAC000036, AdsD Bonn.

[255] Vgl. Flohr, Die Tätigkeit der Planungsabteilung, ebd., S.57.

wurden beinahe 500 Einzelvorhaben von den Ressorts gemeldet. Horst Ehmke merkte in diesem Zusammenhang rückblickend an, dass viele Ressortchefs „in manchen Fällen [...] zum ersten Mal eine Übersicht über die Aktivitäten des eigenen Hauses"[256] erhielten. Allerdings war der weitere Ausbau des Datenblattverfahrens von zunehmenden Schwierigkeiten geprägt, die die Zustimmung der Ressorts in hohem Maße schwinden ließen. So führten die forcierte Einführung des Verfahrens, unklare Kriterien bezüglich der Einbeziehung von Vorhaben sowie die zahlreichen Veränderungen im Datenblattverfahren auch zu Kritik. Der erste Widerstand gegenüber des Informationssystems, der sich zunächst auf den unteren Ebenen der Ministerien formierte, wurde bald für die Planungsbeauftragten spürbar. Diese büßten dadurch an Einflussmöglichkeiten auf die Programmentwicklung innerhalb ihrer eigenen Ressorts ein, da sich die Fachreferate und Abteilungen zunehmend unempfänglich für Planungsbemühungen zeigten.[257] Eine Evaluation der Arbeit des Planungsverbundes durch die Planungsabteilung im Bundeskanzleramt zu Beginn des Jahres 1972 zeigt, dass diese Probleme auch in der Folgezeit nicht zufriedenstellend gelöst werden konnten.[258] So wurden grundlegende Personal- und Kapazitätsprobleme in den Ministerien deutlich. Planungsaufgaben wurden von einzelnen Mitarbeitern übernommen, ohne dass eine Entlastung durch zusätzliches Personal stattfand. Aus diesem Grund war es den meisten Planungsbeauftragten nach eigener Einschätzung auch nicht hinreichend möglich, über das Informationssystem erhaltene Planungsinformationen inhaltlich und formal aufzuarbeiten. „Die mangelnde Aufarbeitung der Informationen dürfte ihre Ursache hauptsächlich in der ungenügenden personellen Ausstattung des Planungsbeauftragten haben"[259], monierte das Gremium der Beauftragten. Der Personalmangel in den Ministerien wirkte sich somit auf die Auswertung der zentral erstellten Da-

---

[256]   Vgl. Ehmke, Planung im Regierungsbereich, ebd., S.2032.

[257]   Vgl. Schatz, Heribert, Auf der Suche nach neuen Problemlösungsstrategien: Die Entwicklung der politischen Planung auf Bundesebene, in: Mayntz, Renate/Scharpf, Fritz (Hrsg.), Planungsorganisation, Die Diskussion um die Reform von Regierung und Verwaltung des Bundes, München 1973, S.9-67

[258]   Vgl. Erster Bericht der Planungsbeauftragten an die Staatssekretäre über Organisations- und Kapazitätsprobleme der Planung in den Ressorts vom 22.02.1972, in: Nachlass Reimut Jochimsen, 1/RJAC000029, AdsD Bonn.

[259]   Vgl. ebd.

tenlisten aus, die aus diesem Grund häufig unterblieb. Das Datenblattsystem etablierte sich zwar als ein zentrales Informationssystem innerhalb und zwischen einzelnen Ressorts, seiner ursprünglich intendierten Funktion, die gesamte Regierungsarbeit allen Angehörigen in den Ministerien und der Verwaltung zugänglich zu machen, kam es aber nicht nach.[260]

Neben den personellen Defiziten in den Ressorts krankte das Koordinierungssystem zudem noch auf einer tieferliegenden Ebene. Der Anspruch, sämtliche durch das Datenblattverfahren erlangte Informationen aus den Ressorts sachlich zu gliedern und regierungsintern zugänglich zu machen, stellte Ehmkes Planungsteam vor große Probleme. Im Kanzleramt fehlte es an geeignetem Programmierpersonal, das die anfallenden Datenmengen nach professionellen Gesichtspunkten hätte auswerten können, von ausreichender Rechenkapazität ganz zu schweigen. Zumindest letzteres Defizit konnte durch Inanspruchnahme von Anlagen des Bundesministeriums der Verteidigung, das eine auf militärstrategische Problemstellungen abgestimmte Datenverarbeitungsmaschinerie unterhielt, abgemildert werden.[261] Das Fehlen von fähigem Personal und der zeitlich begrenzte Zugang zu den Rechenanlagen führten schnell zu einem Informationsstau innerhalb der Planungsabteilung. Man versank förmlich im Papier der auflaufenden Datenblätter.[262] Für das zunächst unter Leitung eines Marineoffiziers entwickelte Auswertungsverfahren ‚Projekt-Verknüpfungs- und Organisationssystem' (PROVOS) konnten erst Mitte 1970 Fachkräfte gewonnen werden. Im Herbst des Jahres umfasste die Datenbank, in der sämtliche gemeldeten Ressortvorhaben gespeichert wurden, in etwa einen Bestand von 20 Megabyte, was rund 900 000 Einzelinformationen auf circa. 7600 Schreibmaschinenseiten entsprach, ein für die damalige Zeit beträchtliches Vo-

---

[260] Vgl. Briefe von Dr. Kosmale (Bundesministerium für Familie, Frauen und Gesundheit) vom 04.02.1972; von Ministerialdirigent Christmann (Bundesministerium für Arbeit) vom 02.02.1972; von Ministerialdirigent Niebel (Presseamt der Bundesregierung); von den Planungsbeauftragten des Bundesministerium für Verkehr vom 04.02.1972, des Bundesministeriums für Landwirtschaft und Forsten vom 27.01.1972, sowie des Bundesministeriums für Wirtschaft vom 27.01.1972 an Reimut Jochimsen, in: Nachlass Reimut Jochimsen, 1/RJAC000029, AdsD Bonn.

[261] Vgl. „Kanzleramt: Der Macher", ebd.

[262] Vgl. Ehmke, Horst, „Computer helfen der Politik, Zwei Jahre Planung in Bonn, Ein Erfahrungsbericht (II)", in: Die Zeit vom 17.12.1971; sowie Kapitel IV.6.1.

lumen.[263] Eine zusätzliche Belastung für das Datenspeicherungs- und Auswertungssystem war die Tatsache, dass sich der Umfang der gespeicherten Informationen je Vorhaben fortlaufend erweiterte und sich somit auch die Anforderungen an das System vergrößerten. Zwar wurde die Datenauswertung noch während der laufenden Legislaturperiode deutlich verbessert, dennoch standen effektive Auswertungsmechanismen, die auch mit den sich stetig vergrößernden Datenvolumina mithalten konnten, erst gegen Mitte der siebziger Jahre zur Verfügung und waren selbst zu diesem Zeitpunkt noch Gegenstand der Kritik.[264]

IV.4 Ein Arbeitsprogramm für die Bundesregierung

Bereits auf der ersten Sitzung der Planungsbeauftragten am 28. November 1969, auf der auch das zuvor beschriebene Datenblattverfahren beschlossen worden war, hatte sich Minister Ehmke für die schrittweise Entwicklung eines kohärenten Programms der Bundesregierung stark gemacht. In diesem sollten die innenpolitischen Vorhaben der sozialliberalen Koalition gebündelt werden. Hiermit verbunden war die Absicht, die programmatischen Ankündigungen der Regierungserklärung und die später nachfolgenden inhaltlichen Ergänzungen in ein einheitliches, sachlich zusammenhängendes und nach Schwerpunkten geordnetes Arbeitsprogramm zu überführen. Auf diese Weise sollten die Planung und Durchführung der angekündigten inneren Reformen gewährleistet werden. „Die einzelnen Maßnahmen und Programme", erläuterte Ehmke, „sollten zeitlich geordnet und mit der Finanzplanung der Regierung abgestimmt werden."[265] Projekte der Ressorts, die für die Verfolgung der in der Regierungserklärung genannten Absichten nicht von Bedeutung waren, sollten wegfallen oder auf einen späteren Zeitpunkt verschoben werden. Maßnahmen hingegen, denen eine besondere Bedeutung für die Erfüllung der in der Regierungserklärung genannten Vorhaben zugesprochen wurde, sollten auf jeden

---

[263]   Vgl. Bebermeyer, Regieren ohne Management?, ebd., S.61f.

[264]   Vgl. Dahms, Hans-Jürgen, Das Informationssystem zur Vorhabenplanung der Bundesregierung, in: Hoschka, Peter/Kalbhen, Uwe (Hrsg.), Datenverarbeitung in der politischen Praxis, Frankfurt am Main 1975, S.73-101, hier: S.89f.

[265]   Vgl. Ehmke, Planung im Regierungsbereich, ebd., S.2032.

Fall Vorrang besitzen. Ferner wurde beabsichtigt, ein derartiges Arbeitsprogramm qua Kabinettsbeschluss für die Ressorts zu einer verbindlichen Vorgabe zu machen, die jeweils bei Fortschreibung der Finanzplanung zu überprüfen sein sollte.[266]

Der anfänglich auf die nächsten sechs Monate ausgerichtete Planungshorizont sollte schrittweise erweitert werden. Zunächst wollte man alle Ressortvorhaben der nächsten Monate und darauf aufbauend schließlich die der ganzen Legislaturperiode erfassen und strukturieren. In einem letzten Schritt sollte dieses Erfassungssystem schließlich dazu befähigen, ein gleitendes Vierjahresprogramm der Bundesregierung zu erarbeiten, das halbjährlich aktualisiert werden sollte. Auf lange Sicht, frühestens nach der nächsten regulären Bundestagswahl Ende 1973, strebte man an, dieses Vierjahresprogramm auf einen Zeitraum von zwölf bis fünfzehn Jahren zu erweitern und als inhaltlich kohärentes Programm für die zukünftigen Planungen der Ressorts in diesen Zeiträumen zu etablieren.[267]

IV.4.1 Schwerpunktfindung und Schwerpunktsetzung

Um diese langfristige Entwicklung in Gang zu bringen, wurden auf getrennten Erhebungsbögen, dem Datenblatt ähnlich, ab Juni 1970 die konkreten Reformabsichten, die Programme und die jeweils dazugehörigen Maßnahmen in den Ressorts abgefragt. Grundlage für die angewandten Abfragemechanismen bildeten dabei die Regierungserklärung sowie ergänzende Berichte der Bundesregierung zum Programm der inneren Reformen. Dabei mussten die Ressorts Auskunft über das zu erwartende öffentlichkeitswirksame Potenzial des Vorhabens, die Ausgangslage zu Beginn der Regierungsarbeit, Zielvorstellungen, erste Erfolge der Regierungsarbeit sowie geplante Vorhaben zur Erreichung des Zieles in der laufenden Legislaturperiode geben.[268] „Ausgangspunkt war die Überlegung", so formulierte Jochimsen im Oktober 1970, „daß das in der Regierungserklärung angekündigte umfassende Reformprogramm angesichts

---

[266] Vgl. ebd., sowie Vermerk Reimut Jochimsens an Horst Ehmke, ohne Datum [Juni 1970], in: Nachlass Reimut Jochimsen, 1/RJAC000029, AdsD Bonn.

[267] Vgl. Süß, „Wer aber denkt...?", ebd., S.367.

[268] Vgl. Bebermeyer, Regieren ohne Management?, ebd., S.67.

der knappen personellen, finanziellen und institutionellen Ressourcen ohne rechtzeitige Frühkoordinierung und einer darauf abgestellten Verfahrensplanung in der verfügbaren Zeit nicht gesichert werden kann. Die Bundesregierung muß deshalb eine Unterlage erhalten, die den Frühkoordinierungsbedarf und das Ressourcenproblem darlegt und ihr Prioritätenentscheidungen ermöglicht."[269] Jochimsen forcierte dabei in der laufenden Arbeit eine Schwerpunktsetzung auf die Reformabsichten, bei denen es realistisch erschien, dass sie in der laufenden Legislaturperiode verwirklicht oder zumindest konzeptionell vorbereitet werden konnten.[270]

Der erste Versuch einer solchen Schwerpunktsetzung, der gleichzeitig einen Vorläufer für das später folgende Interne Arbeitsprogramm der Bundesregierung darstellte, wurde Ende Juni 1970 unternommen. Basierend auf der vorangegangenen Erhebung in den Ressorts wurden erste Reformschwerpunkte festgelegt, deren Umsetzung bis 1973 gesichert schien.[271] Auf einer Klausurtagung des Kabinetts am 6. und 7. Juli 1970 wurden auf Betreiben der Planungsabteilung zunächst fünf Schwerpunkte für die Regierungsarbeit des kommenden Halbjahres festgelegt.[272] Die Aufstellung dieser Schwerpunkte, die in Vorbereitung auf die Kabinettssitzung vorgenommen worden war, führte allerdings zu einem Eklat.[273] In diesem brachen die Konfliktlinien, die bereits ein halbes Jahr zuvor beim Versuch, ein einheitliches Aufgabenprofil der Planungsbeauftragten festzuschreiben, erkennbar geworden waren, wieder auf. Die Tatsache, dass die Planungsabteilung im Vorfeld der Kabinettssitzung darauf verzichtet hatte, ihre erstellte Schwerpunktliste mit den Planungsbeauftrag-

---

[269] Vgl. Vermerk Reimut Jochimsens an Horst Ehmke, ohne Datum [Juni 1970], ebd.

[270] Vgl. ebd.

[271] Vgl. Brief Horst Ehmkes an die Staatssekretäre der Bundesministerien am 02.10.1970, in: Nachlass Reimut Jochimsen, 1/RJAC000036, AdsD Bonn.

[272] Bei diesen Schwerpunkten handelte es sich um Verbesserung des Umweltschutzes, ein Programm zur inneren Sicherheit, ein Programm zur Bekämpfung der Rauschgiftsucht, ein Programm zur Bildungspolitik sowie um Fragen des Wehr- und Ersatzdienstes, vgl. Brief Horst Ehmkes an die Planungsbeauftragten der Bundesministerien vom 16.07.1970, in: Nachlass Reimut Jochimsen, 1/RJAC000036, AdsD Bonn.

[273] Die Schwere des Konflikts zwischen der Planungsabteilung wird rückblickend von mehreren der damaligen Akteure und Beobachter unterstrichen. Vgl. Schatz, Auf der Suche nach neuen Problemlösungsstrategien, ebd., S.35f; Scharpf, Fördernder und Fordernder, in: Bentle, Karl-Heinz u.a., Metamorphosen, ebd., S.143 und indirekt auch Ehmke, Mittendrin, S.114f.

ten rückzukoppeln, wurde von diesen als schwerwiegender Eingriff in die eigene Ressortautonomie wahrgenommen. In Folge dieser Krise kam es wieder zu einer Rehierarchisierung in der Arbeitsweise zwischen den Ressorts und dem Bundeskanzleramt. Die Planungsbeauftragten, die bisher relativ autonom im von der Planungsabteilung geführten Kreis der Planungsbeauftragten agiert hatten, zogen es nun vielfach vor, die Informationsweitergabe aus ihren Ressorts von Entscheidungen des jeweiligen Ministers oder Staatssekretärs abhängig zu machen. Dies führte dazu, dass der eigentliche Zweck des Planungsverbundes, nämlich die Frühkoordination einzelner Ressortvorhaben, gänzlich konterkariert wurde. Viel schlimmer als diese bewusste Verzögerung in der Informationsweitergabe wog allerdings der Vertrauensverlust zwischen Kanzleramt und Ressorts. Die Datenblätter, als eigentliche Stütze des Frühkoordinierungssystems, wurden zwar weiterhin von den Fachabteilungen in den Ministerien ausgefüllt und dem Planungsverbund über die Planungsabteilung zur Verfügung gestellt, nur konnten sich die Koordinatoren im Kanzleramt nun kaum noch mit Sicherheit auf die gelieferten Informationen verlassen.[274] Zusammen mit den beschriebenen Schwächen in der Datenverarbeitung und der damit verbundenen stark eingeschränkten Bewertungsfähigkeit der Planungsabteilung rückte das Ziel, ein verlässliches Abbild der Ressortarbeit zu erstellen, in weite Ferne. Was die Ressorts nunmehr auf dem Datenblatt ablieferten, waren größtenteils kabinettsreife Reformpakete, die kaum mehr beeinflussbar waren. Da keine Informationspflicht der Ressorts gegenüber dem Kanzleramt existierte, verzichteten manche Ressorts schlicht auf eine rechtzeitige Vorhabenmeldung und hofften so, einer Kontrolle zu entgehen und ihr Anliegen quasi schleichend durch das Kabinett zu bringen.[275] Eine Darstellung der „Urproduktion" der Ressorts blieb völlig aus.[276]

---

[274] Vgl. Schatz, Auf der Suche nach neuen Problemlösungsstrategien, ebd., S.35f.

[275] Hartmut Bebermeyer gibt Horst Ehmke indirekt die Schuld für die Etablierung dieser Praxis, in dem er anmerkt, dass „ein derartiges Unterlaufen des Meldesystems wesentlich schwieriger geworden [wäre], wenn der damalige Chef des Bundeskanzleramtes, Bundesminister Ehmke, von seinem Recht gebrauch gemacht hätte, nicht rechtzeitig auf Datenblatt gemeldete Tagesordnungspunkte nicht auf die Tagesordnung [der Kabinettssitzungen *Anm. d. Verf.*] zu setzen." Vgl. Bebermeyer, Regieren ohne Management?, ebd., S.60.

[276] Vgl. Schatz, Auf der Suche nach neuen Problemlösungsstrategien, ebd., S.35; sowie Zundel, Rolf, Bonn, Adenauerallee 141, in: Die Zeit vom 04.09.1970.

IV.4.2 Umsetzung und Restriktionen

Trotz dieses massiven Konfliktes zwischen der Planungsabteilung und dem Kreis der Planungsbeauftragten Anfang Juli 1970 verlief die Abfrage der unterschiedlichen Ressortvorhaben für die Erstellung eines Arbeitsprogramms in den Augen der Planungsabteilung zufriedenstellend, wohl weil ein Großteil der benötigten Informationen bereits im Vorfeld abgefragt worden war. Eine beträchtliche Anzahl unterschiedlicher Reformvorhaben, Hartmut Bebermeyer spricht von 146 Programmmeldungen und insgesamt 309 Einzelmaßnahmen, mussten nun von der Planungsabteilung gegliedert und systematisiert werden.[277] „Aus diesem Grunde", beschrieb Horst Ehmke die Herangehensweise, „habe ich eine Schwerpunktbildung vorbereitet, die eine sachgerechte Gliederung des Stoffes ermöglichen und eine Bestandsaufnahme der Reformen unter Berücksichtigung des voraussichtlichen zeitlichen Ablaufs und der finanziellen Realisierbarkeit darstellen soll."[278] Auf Vorschlag Ehmkes, und diesmal unter Rücksprache mit den Planungsbeauftragten, wurden die Reformvorhaben zunächst auf ihre sachliche Zusammengehörigkeit hin überprüft, was eine Loslösung des Einzelvorhabens aus seinem jeweiligen Ursprungsressort ermöglichte. Weitere zentrale Ordnungskriterien waren die gesellschaftspolitische Bedeutung der Reform, eventuelle Beschleunigungsmöglichkeiten sowie die zu erwartende Wirkung in der Öffentlichkeit. Durch dieses Gewichtungsverfahren kristallisierten sich bis Herbst 1970 27 Reformschwerpunkte heraus, die untereinander wieder in Kern- und Randreformen untergliedert und laufend fortgeschrieben wurden.[279] In einem Schreiben an die Planungsbeauftragten erläuter-

---

[277]   Vgl. Bebermeyer, Regieren ohne Management?, ebd., S.67.

[278]   Vgl. Brief Horst Ehmkes an die Staatssekretäre der Bundesministerien am 02.10.1970, ebd.

[279]   Zu den statuierten Reformschwerpunkten zählten Leistungsfähigkeit bundesstaatlicher Ordnung, Moderne Verwaltung, Justiz im demokratischen Rechtstaat, Stärkung der marktwirtschaftlichen Ordnung, Reform des Gesellschaftsrechts, Steuerreform, Weiterführung der Strafrechtsreform, Strukturpolitik aus einem Guss, Reform des Ehe-, Familien- und Jugendrechts, Reform der Vermögenspolitik, Ausbau der Rentenversicherung, Erweiterung der Krankenversicherung, Ausweitung der Unfallversicherung, Ausbau der Arbeitslosenversicherung, Kriegsopferversorgung, Sozialhilfe und Rehabilitation; Reform des Sozial- und Arbeitsrechts; Konzeptionelle Forschungsplanung; Soziale Bildungspolitik; Planung im Bildungswesen; Verbesserung der Mitbestimmung; Schaffung eines Kommunikationssystems; Förderung des Städte- und Wohnungsbaus; Umweltschutz; Ausbau des Verkehrssystems; Bundesraumordnungsprogramm; Bundeswehr der 70iger Jahre; Reform der Entwicklungspoli-

te Reimut Jochimsen diese Unterteilung in zwei Reformkategorien: „In die Randreformen sind insbesondere solche Vorhaben aufgenommen worden, die nicht wichtig genug oder für die Erreichung des Zieles des Reformschwerpunktes ohne größere Bedeutung scheinen und solche, die voraussichtlich erst nach 1973 in Angriff genommen werden können. [...] Es scheint mir unabdingbar, dass letztlich nur solche Vorhaben unter die Kernreformen aufgenommen werden, deren Verwirklichung bis 1973 zweifelsfrei gesichert ist. [...] Insbesondere unter dem Gesichtspunkt der Öffentlichwirksamkeit erscheint es mir erforderlich, eine Zusammenfassung mehrerer Reformschwerpunkte zu größeren Komplexen vorzubereiten."[280] Das ausgearbeitete Schwerpunktprogramm wurde schließlich vom Kabinett als Internes Arbeitsprogramm der Bundesregierung für die VI. Legislaturperiode am 22. Oktober 1970 einstimmig beschlossen. Dabei wurde festgelegt, sämtliche ausgearbeiteten Schwerpunkte in das Arbeitsprogramm aufzunehmen sowie diese in den Ministerien mit besonderem Vorrang zu bearbeiten. Dabei erklärten die Minister, sich bei der Beratung und Verhandlung im Kabinett und den anderen parlamentarischen Gremien an die erstellten Zeitpläne zu halten. Ausdrücklich wurde in diesem Zusammenhang die Rolle des Bundeskanzleramtes betont, das zusammen mit den Ministerien und über den Kreis der Planungsbeauftragten den Ablauf des Arbeitsprogramms überwachen und in dreimonatigem Abstand dem Kabinett Bericht über Stand und Ablauf erstatten sollte. Des Weiteren kam der Planungsabteilung die Aufgabe zu, das Arbeitsprogramm jährlich nach inhaltlichen Gesichtspunkten zu überprüfen und gegebenenfalls an mögliche finanz- und konjunkturpolitische Veränderungen anzupassen.[281]

Allerdings mehrten sich schon vor der offiziellen Verabschiedung des Arbeitsprogramms innerhalb der Planungsabteilung Zweifel, ob das erarbeitete Programm in der vorliegenden Form erfolgreich sein könnte. Horst Ehmke merkte in diesem Zusammenhang an, dass „besonders bei den angestrebten

---

tik, vgl. Brief Horst Ehmkes an die Staatssekretäre der Bundesministerien am 02.10.1970, ebd.

[280] Vgl. Brief Reimut Jochimsens an die Planungsbeauftragten der Bundesminister am 17.09.1970, in: Nachlass Reimut Jochimsen, 1/RJAC000036, AdsD Bonn.

[281] Vgl. Jochimsen, Reimut, Wandel durch Planung, in: Die Neue Gesellschaft, 7/1971, S.467-471, hier: S.468.

Reformen im Bereich der Sozialpolitik die finanzielle Absicherung noch weit-gehend ungeklärt ist."[282] Des Weiteren kritisiert er, dass „bei mehreren Reformschwerpunkten die Vorstellungen der Ministerien, besonders hinsichtlich der Frühkoordinierung und des zeitlichen Ablaufs noch nicht ausreichend geklärt erschienen."[283] Und in der Tat gab es gerade im Bereich der Finanzplanung noch zahlreiche ungeklärte Fragen. Die notwendige Überprüfung der Vereinbarkeit der Reformschwerpunkte mit der im Bundesfinanzministerium angesiedelten Finanzplanung wurde auf ausdrücklichen Wunsch der Planungsabteilung vertraulich durchgeführt, ohne dass dies mit den eigentlich zuständigen Fachabteilungen im Finanzministerium diskutiert worden wäre. Auf diese Weise hoffte man den Widerstand der Finanzpolitiker der Koalition gegenüber dem Arbeitsprogramm zu minimieren, da man sich deren Argwohn bezüglich einer langfristigen Bindung finanzieller Ressourcen selbstverständlich bewusst war.[284]

Neben solchen Problemen im Bereich der Finanzplanung drohten der Idee eines kohärenten Arbeitsprogramms der Bundesregierung, das die politischen Absichten auch zeitlich festschrieb, allerdings noch handfeste politische Gefahren. Man fürchtete, dass ein allzu detailliertes Arbeitsprogramm zu einem mächtigen Instrument in der Hand der Opposition werden könnte. Mittels einer solchen „negativen Abhakliste"[285] hätte die Opposition leichtes Spiel, so die Einschätzung der Planungsabteilung, die Regierung mit den eigenen Vorhaben vor sich herzutreiben. Es ist also nicht verwunderlich, dass das Arbeitsprogramm, das ausdrücklich als regierungsintern gehandelt wurde, in seiner Entstehungsphase als vertraulich eingestuft wurde. Von Seiten der Regierung schreckte man davor zurück, sich frühzeitig für die gefundenen Reformschwerpunkte rechtfertigen zu müssen. Allerdings wurde eine Version des Reformschwerpunktepapiers schon bald der Opposition im Bundestag aus dem Kanzleramt zugespielt. Diese versuchte ihrerseits nun die Regierung zur öffentlichen Darlegung ihrer Prioritätenliste und zu einer entsprechenden Recht-

---

[282]   Vgl. Brief Horst Ehmkes an die Staatssekretäre der Bundesministerien vom 02.10.1970, ebd.
[283]   Vgl. ebd.
[284]   Vgl. Brief Hartmut Bebermeyers an Reimut Jochimsen am 18.09.1970, in: Nachlass Reimut Jochimsen, 1/RJAC000036, AdsD Bonn.
[285]   Vgl. Ehmke, Planung im Regierungsbereich, ebd., S.2033.

fertigung zu zwingen. Dieser Versuch fand Ausdruck in zwei Großen Anfragen der CDU/CSU-Fraktion im Bundestag, die dezidiert auf die im Arbeitsprogramm gesetzten Schwerpunkte eingingen. Mit gezielten Fragen zur jeweiligen Finanzierbarkeit der im Arbeitsprogramm aufgeführten Reformprojekte – wie von Ehmke befürchtet, eine der großen Schwächen des Konzeptes – trafen sie die Bundesregierung an einer empfindlichen Stelle.[286] Diese wurde nun in die schwierige Lage versetzt, auf die Anfrage eine als ausreichend empfundene Antwort zu geben, ohne dabei ihre genauen Vorhaben und vor allem deren geplante zeitliche Umsetzung in ihrer Gänze offenzulegen. Die Bewältigung dieser Aufgabe, die in erster Linie von der Planungsabteilung getragen werden musste, führte zu einer Bindung von Ressourcen, was die eigentliche planerische Arbeit behinderte.[287]

---

[286] Vgl. Große Anfrage der CDU/CSU-Fraktion eingereicht durch die Bundestagsabgeordneten Dr. Stoltenberg, Stücklen und Fraktion am 16.12.1970, Bundestagsdrucksache VI/1620; sowie Große Anfrage der CDU/CSU-Fraktion eingereicht durch die Bundestagsabgeordneten Dr. Barzel, Stücklen und Fraktion am 27.09.1971, Bundestagsdrucksache VI/2604.

[287] Vgl. Süß, „Wer aber denkt...?", ebd., S.370.

IV.5 Langfristige Orientierungsrahmen für das Handeln der Regierung

Im Spätherbst des Jahres 1970 kam es in der Arbeit der Planungsabteilung zu einem Bruch mit der bisherigen Konzeption, die sich bis dato ganz auf das Arbeitsprogramm und die Frühkoordinierung konzentriert hatte. Zu einem Zeitpunkt, an dem die Institutionalisierung des Arbeitsprogramms der Bundesregierung noch nicht abgeschlossen war, wurde der Schwerpunkt innerhalb der Planungsabteilung nunmehr auf die Etablierung von langfristigen Planungshorizonten verschoben. Die Gründe für die Änderung der Schwerpunktsetzung von einer auf Mittelfristigkeit angelegten Aufgabenplanung hin zu einer mit langen Zeiträumen operierenden Langfristplanung sind dabei nicht allein im Konflikt zwischen den Ressorts und dem Kanzleramt zu suchen. Wie bereits angedeutet, hatte man bei der Konzeption der mittelfristigen Aufgabenplanung und der damit einhergehenden Einführung des Informationssystems zur Frühkoordinierung beabsichtigt, dieses Konzept zu einer Planung weiterzuentwickeln, die mit Zeiträumen von 10 bis 15 Jahren operieren sollte. Auf diese Weise wollte man ein inhaltlich kohärentes Programm für die zukünftigen Planungen der Ressorts in diesen Zeiträumen schaffen. Allerdings war ursprünglich beabsichtigt, mit der Einführung solcher Planungshorizonte erst nach der Etablierung einer mittelfristigen Aufgabenplanung zu beginnen, frühestens nach Ende der laufenden Legislaturperiode im Jahr 1973.[288] In ihrer Beantwortung der Großen Anfrage der Opposition im Bundestag im Frühjahr 1971 erläuterte die Bundesregierung den Schritt der Planungsabteilung. „Viele wichtige Aufgaben", so der Wortlaut, „vor denen der moderne Staat heute steht, können nur in einem längeren Planungszeitraum gelöst werden; eine fünf Jahre umfassende Zeitspanne [...] ist vielfach zu kurz. Mittelfristige Programme müssen an langfristigen Zielvorstellungen ausgerichtet sein."[289]

---

[288]   Vgl. Anmerkung 267, S.95.

[289]   Vgl. Antwort der Bundesregierung auf die Große Anfrage der Fraktion der CDU/CSU betr. Arbeitsprogramm der Bundesregierung zu innenpolitischen Vorhaben am 12.03.1971, Bundesdrucksache VI/1953.

IV.5.1 Der Zwang eines Prioritätenwechsels

Die Gründe für diesen beinahe überstürzt anmutenden Schritt sind vielfältig. Die Einführung einer langfristigen Planung, parallel zu der auf Mittelfristigkeit angelegten Planung im Rahmen des Arbeitsprogramms, war zum einen sicherlich den Schwierigkeiten bei der Etablierung des Frühkoordinierungssystems geschuldet. Ihren vorläufigen Höhepunkt hatten diese im beschriebenen Eklat zwischen Planungsbeauftragten und Planungsabteilung im Juli 1970 gefunden, in dessen Folge die Ressorts dem System das Vertrauen entzogen. Eine solche Entwicklung dürfte der Planungsabteilung Anlass gegeben haben, sich nunmehr auf neue Möglichkeiten und Ansätze von politischen Planungsmechanismen zu konzentrieren, auch um von derartigen Problemen abzulenken. Zum anderen gab es allerdings noch eine ganze Reihe von weiteren Gründen, die eine vorgezogene Erweiterung des Planungshorizontes von Seiten der Regierungszentrale forderten. An erster Stelle standen dabei die Fachplanungen in einzelnen Ressorts und auf Bund-Länder-Ebene, in denen in einzelnen Politikfeldern bereits mit weitreichenden Zeiträumen gearbeitet wurde. Eine Untersuchung der Planungsabteilung im Dezember 1970 ergab, dass die Planungen in einigen Bundesressorts, aber auch auf Länderebene „zum Teil weit in die 80-iger Jahre hineinreichen und in aller Regel weder inhaltlich noch methodisch aufeinander abgestimmt sind."[290] Zu diesen Planungen zählten in erster Linie Verkehrs-, Raumordnungs- und Verteidigungsplanungen, aber auch Elemente der öffentlichkeitswirksamen Bildungsplanung. Durch ein solches unkoordiniertes Nebeneinander, so die Befürchtung innerhalb der Planungsabteilung, werde eine „politisch ausgewogene, gesamtstaatliche, langfristige Prioritätensetzung"[291] verhindert. Neben derartigen Überlegungen bezüglich eines drohenden Planungspartikularismus wurden die Mitarbeiter der Planungsabteilung zusätzlich durch Veränderungen in der Planungsarbeit des Finanzministeriums unter Zugzwang gesetzt. Dort hatte sich der auf Initiative des Finanzplanungsrates gebildete Arbeitskreis Bedarfsschätzung das erklärte Ziel gesetzt, den ge-

---

[290]   Vgl. Abteilung V, Überlegungen zur langfristigen Aufgabenplanung vom 04.12.1970, in: Bundesarchiv Koblenz (BAK), B 136/4773, zit. nach: Süß, „Wer aber denkt...?", ebd., S.370.
[291]   Vgl. ebd.

samten öffentlichen Ausgabenbedarf bis zum Jahr 1980 zu ermitteln und darauf aufbauend Empfehlungen für politische Prioritäten abzugeben. Im Bundeskanzleramt löste dies Bedenken aus, dass die jetzigen Strukturen im Bereich
der Finanzplanung, die bisher ebenfalls auf Mittelfristigkeit ausgelegt waren,
in eine langfristige Ausgabenplanung überführt werden würden. Dies hätte
zwangsläufig auch zu einer langfristigen Einschränkung der Aufgabenplanung,
wie sie von der Planungsabteilung angestrebt wurde, geführt. Genährt wurde
diese Einschätzung vom grundsätzlichen Zweifel an der Leistungsfähigkeit der
Finanzplanung als politischem Steuerungsinstrument. Zwar hatten sich die Experten im Finanzministerium das Ziel gesetzt, ein „Regierungsprogramm in
Zahlen"[292] zu schaffen, allerdings waren sie bisher nicht in der Lage gewesen,
auch eine politische Prioritätensetzung zu erfüllen. Mit der Befürchtung im
Hinterkopf, dass das eigene Frühkoordinierungssystem eine solche politische
Prioritätensetzung selbst nicht würde ausführen können, setzten Horst Ehmke
und Reimut Jochimsen ihre Hoffnungen nun auf einen neuen, langfristigen
Ansatz.[293]

Neben diesen externen Faktoren, die die Planungsabteilung bezüglich der
Entwicklung langfristiger Strategien unter Zugzwang setzten, darf auch die
persönliche Motivation der beteiligten Akteure nicht außer Acht gelassen werden. Besonders Reimut Jochimsen hatte bereits seit Langem ein starkes Interesse an langfristigen Planungsstrategien gezeigt. Deutlich wurde dies in seinen Forderungen nach einem Bundesentwicklungsplan und in seinem Einsatz
für die Bildungsplanung. So war er Mitautor einer Resolution zur Bildungspolitik, in der die Aufstellung eines Gesamtbildungsplans als Gemeinschaftspro-
jekt von Bund und Ländern mit einer zehnjährigen Zielprojektion gefordert
wurde.[294] Daneben äußerte sich Jochimsen auch mehrfach dahingehend, dass er

---

[292]   Vgl. Schatz, Heribert, Auf der Suche nach neuen Problemlösungsstrategien, ebd., S.38.
[293]   Vgl. ebd.
[294]   Vgl. Entwurf einer Resolution zur Bildungspolitik zur Verabschiedung durch den SPD-
        Parteivorstand von Johannes Rau, Klaus von Dohnanyi, Ulrich Lohmar, Reimut Jochimsen
        und Peter Rose vom 16.04.1970, in: Nachlass Reimut Jochimsen, 1/RJAC000032, AdsD
        Bonn.

beabsichtige, die Regierung rasch zu einer 15-jährigen Planung befähigen zu wollen.[295]

Bereits lange vor dem Schwerpunktwechsel der Planungsabteilung im Herbst 1970 hatte Jochimsen deutlich gemacht, dass er sich der Probleme, die eine langfristige Planung mit sich brachte, durchaus bewusst war. In seinen Augen lag ein Hauptproblem dabei in der Tatsache, dass „langfristig integrierte Planung zur Fortschreibung des Status quo tendiert, wenn sie in einem ungleichgewichtigem, pluralistischem System demokratische Zustimmung anstrebt."[296] Aus diesem Grund betonte er die Bedeutung einer transparenten Planung, die nicht den Eindruck vermittelt, dass „die Zukunft von den gegenwärtig Mächtigen verplant wird"[297]. Planung müsse folglich einem offenen Ansatz folgen, der die Mitarbeit vieler Interessensgruppen erlaube. „Sozialdemokratische Politik", so Jochimsen, „könne in diesem Zusammenhang nicht erschlichen, sondern nur in demokratischer Willensbildung durchgesetzt werden. Erst durch systematische Vorausschau und überzeugende Planung der erreichbaren Alternativen ergibt sich wieder ein echter Entscheidungsraum, die Chance rationaler Politik."[298] Eine langfristige politische Planung war für Jochimsen unumgänglich, da nur durch sie existierende Probleme in Bereichen wie der Umwelt- und Bildungspolitik gelöst werden könnten. Mit dieser Denkweise fügte er sich in einen in der Sozialdemokratie seit 1969 verstärkt bemerkbaren Trend zur langfristigen Politikanalyse. Die SPD hatte auf ihrem Parteitag in Saarbrücken im Mai 1970 die Gründung einer Langzeit-Kommission unter der Leitung Helmut Schmidts beschlossen, aus der später der Orientierungsrahmen `85[299] hervorgehen sollte.[300] Inwieweit von dieser

---

[295]   Vgl. „Professor Jochimsen: Plant 15 Jahre SPD", in: Capital, 3/1970, vom 22.01.1970; sowie „Chefmanager der Regierung", in: Handelsblatt vom 27.08.1970.

[296]   Vgl. Erläuterungen Reimut Jochimsens zu einem Antrag zur Umweltpolitik zur Verabschiedung durch den SPD-Parteivorstand am 16.04.1970, in: Nachlass Reimut Jochimsen, 1/RJAC000032, AdsD Bonn.

[297]   Vgl. ebd.

[298]   Vgl. ebd.

[299]   Der auf dem Parteitag in Saarbrücken beschlossene ‚Entwurf eines ökonomisch-politischen Orientierungsrahmen 1973-1985' sollte das angestrebte Reformprogramm bezüglich der zu veranschlagenden Zeiträume und der zu erwartenden Kosten untersuchen. Der 1972 von der eingesetzten Kommission vorgelegte Bericht führte zu einer vehementen innerparteilichen Diskussion auch bezüglich der grundsätzlichen programmatischen Ausrichtung der SPD. Die

Seite Einfluss auf die Planungsarbeit im Bundeskanzleramt genommen wurde, ist schwer zu beurteilen, gleichzeitig unterstreicht diese Entwicklung allerdings die grundlegende Bedeutung, die dem Topos der langfristigen Planung beigemessen wurde.[301]

Neben Reimut Jochimsen, der sich der Umsetzung einer langfristigen Planung federführend annahm, befürwortete auch Horst Ehmke die vorgezogene Etablierung solcher Planungsmechanismen. Bei der inhaltlichen Umstellung der Planungsarbeit im Kanzleramt im Herbst 1970 sah er nicht notwendigerweise einen von außen oktroyieren Zwang, etwa durch die Fachplanungen einzelner Ressorts. Vielmehr sprach er sich explizit dafür aus, die Planungen der Bundesregierung bewusst und in zahlreichen Bereichen auf Langfristigkeit auszurichten. So forderte er eine Umstellung der Öffentlichkeitsarbeit der Regierung, die seiner Vorstellung nach ebenfalls einer langfristigen Koordinierung bedürfe, um die Regierungspolitik angemessen vermitteln zu können.[302] Sein grundlegendes Interesse an langfristigen Planungsbemühungen zeigte sich zudem an der intensiven Beschäftigung mit Planungstheorie zu diesem Themenkomplex und an bereits existierenden Fachplanungen, wie beispielsweise dem im Jahr 1965 aufgestellten Großen Hessenplan, in dem erstmals der Versuch unternommen wurde, die Gesamtentwicklung eines Bundeslandes zu prognostizieren.[303] Ein weiteres Indiz, welches Ehmkes Affinität zu langfristi-

---

1973 eingesetzte zweite Kommission OR 85 wurde federführend von Peter von Oertzen, Herbert Ehrenberg und Horst Ehmke geleitet, zu den Mitgliedern gehörte auch Reimut Jochimsen. Vgl. Grebing, Helga, Ideengeschichte des Sozialismus in Deutschland, Teil 2, in: Dies. (Hrsg.), Geschichte der sozialen Ideen in Deutschland. Sozialismus - Katholische Soziallehre - Protestantische Sozialethik, Wiesbaden 2005, S.355-585, hier: S.492f.

[300] Vgl. Schmidt, Helmut, Anmerkungen zur Absicht eines sogenannten Langzeit-Programms, in: Die neue Gesellschaft, 18/1971, S.816-821.

[301] Hartmut Bebermeyer spricht rückblickend von „politischem Druck der SPD" auf die Planungsabteilung und die Beauftragten der Ressorts, um die Umstellung auf eine langfristige Aufgabenplanung zu forcieren. Vgl. Bebermeyer, Hartmut, Das Beziehungsfeld Politische Planung und Strategische Unternehmensplanung, Frankfurt am Main 1985, S.52; hierzu auch: Süß, „Wer aber denkt...?", ebd., S.370.

[302] Vgl. Brief Horst Ehmkes an Herbert Wehner am 19.10.1970, in: Dep. Horst Ehmke, 1/HEAA000392, AdsD Bonn.

[303] Vgl. Vermerk Adolf Theis, Gruppe V/4 am 27.10.1970, in: Nachlass Reimut Jochimsen, 1/RJAC000016, AdsD Bonn.; sowie „Planung: Zukunft ohne Zufall", in: Der Spiegel, 38/1971, vom 13.09.1971.

gen Planungsansätzen unterstreicht, war seine maßgebliche Beteiligung an der Erstellung des Orientierungsrahmen `85 nach seinem Ausscheiden aus dem Kanzleramt.[304]

IV.5.2 Implementierung einer langfristigen Aufgabenplanung

Um die Umstellung auf eine langfristige Aufgabenplanung auf den Weg zu bringen, wurde Anfang Dezember 1970 von der Planungsabteilung im Bundeskanzleramt ein entsprechendes Konzept vorgestellt, das auch die ausdrückliche Zustimmung des Kanzlers fand. Erklärtes Ziel war es, unter Federführung der Planungsabteilung zusammen mit den Ministerien langfristige Programme mit einem einheitlichen Planungshorizont, einheitlichen Grundannahmen und aufeinander abgestimmten Methoden zu entwickeln. Diese sollten mit der parallel laufenden Finanzplanung in Einklang gebracht werden. Bis Ende des Jahres 1971 wollte man einen vorläufigen Plan über die Aufgaben der Bundesregierung für die nächsten 15 Jahre erstellt haben, in dem entsprechende Zielvorstellungen formuliert und die zu erwartenden Kosten veranschlagt waren.[305] „Die Ressorts des Bundes", so hatte es Reimut Jochimsen schon zuvor formuliert, „müssen einer gemeinsamen Konzeption folgen: Gemeinsame Konzeption heißt Einigung über die Ziele. Die Maßnahmen müssen in einem inhaltlichen Gleichklang und zeitlichen Gleichtakt erfolgen. Das setzt eine langfristige Abstimmung der Ressortplanungen und die Festlegung von sachlichen und zeitlichen Stufen der Verwirklichung auf der Grundlage einer Rahmenkonzeption über die Aufgaben und die Entwicklung und Verwendung der Ressourcen voraus. Dabei müssen jeweils die finanziellen Konsequenzen auch der Alternativlösungen durchgerechnet werden."[306] Dieser Vorstellung war die Hoffnung inhärent, politische Planung über das Dasein als reine, isolierte Korrekturpolitik herauszuheben. Da eine solche Vorstellung von vorneherein die breite Einbindung aller Politikfelder forderte, wurde von Reimut Jo-

---

[304]   Vgl. Interview mit Horst Ehmke, „Wozu eigentlich ein Orientierungsrahmen?", in: Vorwärts vom 14.11.1974.

[305]   Vgl. Entwurfspapier Hartmut Bebermeyers zur Arbeit der Planungsabteilung im Bundeskanzleramt vom 07.12.1970, in: Nachlass Reimut Jochimsen, 1/RJAC000016, AdsD Bonn.

[306]   Vgl. Jochimsen, Erläuterungen zu einem Antrag zur Umweltpolitik, ebd.

chimsen und Horst Ehmke im Zuge einer langfristigen Planung auch die Einbindung der Bundesländer angestrebt. Eine entsprechende Initiative der Planungsabteilung wurde zu diesem Zeitpunkt allerdings von den Staatskanzleien abgeblockt, die einem solchen Vorschlag größtenteils abweisend gegenüberstanden.[307]

Das neue Projekt wurde von der Planungsabteilung mit großem Nachdruck verfolgt, was zur Folge hatte, dass ein Großteil der vorhandenen Ressourcen ebenfalls langfristig gebunden wurde. Kritik an diesem Vorgehen kam in erster Linie von den Planungsbeauftragten aus den verschiedenen Ressorts, die sich mit der Bearbeitung des noch nicht abgeschlossenen Arbeitsprogramms, das einer kontinuierlichen Fortschreibung bedurfte, ausgelastet sahen. Auch von Seiten der Staatssekretäre wurden Zweifel angemeldet, ob eine übereilte Schwerpunktverlagerung vor dem Hintergrund der Arbeitsbelastung in den einzelnen Ressorts zielführend sei. Trotz der vorgebrachten Einwände gelang es der Planungsabteilung schließlich doch, sich mit ihren Vorstellungen durchzusetzen. Zusammen mit dem Gremium der Planungsbeauftragten und der Runde der Staatssekretäre einigte man sich auf die Bildung von sieben Arbeitsgruppen mit unterschiedlichen inhaltlichen Schwerpunkten.[308] Die Schwerpunktgruppen Lebensvorsorge, Strukturpolitik, Ordnungs- und Distributionspolitik, Forschung, Technologie und Innovation, Staatliche Organisation, Friedenssicherung sowie Ressourcen wurden arbeitsteilig mit Beamten aus den Ministerien und dem Bundeskanzleramt besetzt. Von den für das Projekt abgestellten Personen erwartete man, dass sie wenigstens mit der Hälfte ihrer Arbeitskapazität für die Gruppen arbeiten sollten. Von Seiten der Planungsabteilung wurde für jede Gruppe eine hauptamtliche Sekretariatsstelle geschaffen.[309] In diesem personalintensiven Aufbau offenbarten sich bereits vor Aufnahme der Tätigkeit der einzelnen Gruppen die ersten Probleme. So hatte die Planungsabteilung massive Schwierigkeiten, geeignetes Personal für die Gruppenarbeit zu finden. Da die zusätzlich anfallende Arbeit nicht mit der bestehenden Personaldecke bewältigt werden konnte, versuchte man mittels Schaf-

---

[307] Vgl. Ehmke, Horst, Leistungen und Perspektiven. Ein Jahr sozialliberale Regierungsverantwortung, in: Sozialdemokratischer Pressedienst, P/XXV/225, vom 27.11.1970.

[308] Vgl. Bebermeyer, Regieren ohne Management?, ebd., S.74f.

[309] Vgl. Flohr, Die Tätigkeit der Planungsabteilung, ebd., S.58.

fung von Planstellen und der Einstellung von wissenschaftlichem Personal auf Honorarbasis diese Lücke zu überbrücken, allerdings nur mit geringem Erfolg. Das bestehende Personal konnte wegen anderer Verpflichtungen nur einen Bruchteil seiner Arbeitszeit in das neue Projekt investieren. In der Personalfrage manifestierten sich zudem auch die nicht überwundenen Vorbehalte der Ressorts gegenüber diesem vom Kanzleramt geführten Projekt. So konnte beispielsweise die zentrale Ressourcengruppe erst mit großer zeitlicher Verzögerung mit ihrer Arbeit beginnen, da sie von den zuständigen Referaten im Wirtschaftsministerium schlichtweg boykottiert wurde. Und auch in den anderen Gruppen waren die verpflichteten Beamten wenig motiviert, zusätzliche Arbeit zu übernehmen.[310]

Neben der Personalproblematik zeigte sich schnell, dass die arbeitenden Gruppen darüber hinaus vielfach große Probleme mit der Informationsbeschaffung für den zu untersuchenden Zeitraum sowie mit der Vergleichbarkeit der erhobenen Daten hatten. Das Fehlen von einheitlichen methodischen Vorgaben für die Arbeit der sieben Gruppen führte dazu, dass die Zwischenberichte zum Arbeitsstand bereits vor ihrem Erscheinen der Kritik ausgesetzt waren. Als im Mai 1971 die ersten Berichte der Gruppen vorgelegt wurden, verstärkten sie nur die Skepsis in den Ressorts und im Kreis der Planungsbeauftragten. Als im Juni 1971 schließlich alle Gruppen ihren Rapport abgegeben hatten, standen die Ergebnisse als unverbundene Problemskizzen und ohne jedwede inhaltliche Gewichtung nebeneinander. Was durch die Arbeit der Gruppen lediglich deutlich geworden war, waren die bereits zuvor bekannten Diskrepanzen in den verschiedenen Fachplanungen und die mangelhafte Prognose- und Informationsfähigkeit im Regierungsbereich.[311] In der Öffentlichkeit wie auch regierungsintern wurde der vorgelegte Zwischenbericht kritisiert. Von den Langzeitplanern der Regierung, so der allgemeine Tenor, hätte man fundierte Perspektiven und verlässliche Einschätzungen von vornherein kaum erwarten können. In den eigenen Reihen sah sich die Planungsabteilung zudem der Kritik der Wirtschafts- und Finanzpolitiker ausgesetzt, die in erster Linie eine

---

[310] Vgl. Schatz, Heribert, Politische Planung im Regierungssystem der Bundesrepublik Deutschland, Göttingen 1974, S.26.
[311] Vgl. ebd.

nichtexistente Verknüpfung der angestellten Langfristplanung mit dem Haushalt kritisierten, ohne die jede Planung nutzlos werde.[312]

IV.5.3 Ein Entwicklungsplan für die Länder?

Die dargestellten Gehversuche auf dem Gebiet einer langfristigen Planung hatten zwei grundlegende Probleme deutlich gemacht. Erstens unterstrichen sie die bekannten Schwierigkeiten in der Zusammenarbeit zwischen Kanzleramt und den Ressorts. Zweitens führten sie zu der Erkenntnis, dass das angestrebte Ziel einer auf 15 Jahre angelegten Aufgabenplanung mit den vorhandenen Mitteln kaum zu bewerkstelligen war. Auf Grund der erfahrenen Probleme wurde von der Planungsabteilung ein neuer Partner für eine veränderte Fortführung des Projektes gesucht. Offensichtlich ging man nicht davon aus, den Kreis der Planungsbeauftragten der Ressorts weiterhin einbinden zu können. Ein Arbeitskreis, der sich schwerpunktmäßig einem Erfahrungsaustausch zwischen den Staatskanzleien der Länder und dem Kanzleramt widmete, setzte sich schließlich für eine Kooperation dieser Institutionen auf dem Feld der langfristigen Aufgabenplanung ein.[313] Auf diese Weise konnte das zunächst als Projekt der Bundesregierung gestartete Planungsprogramm unter Einbeziehung der Länder fortgesetzt werden und wurde, wie zuvor von Reimut Jochimsen und Horst Ehmke gefordert, in eine Bund-Länder-Kommission umgewandelt.[314] Mit einer am 16. Juni 1971 getroffenen Einigung verpflichteten sich das Bundeskanzleramt und die Staatskanzleien der Länder auf die gemeinsame Erarbeitung einer Gesamtproblemanalyse der längerfristigen öffentlichen Aufgaben für die Jahre 1976 bis 1985. Reimut Jochimsen konstatierte diesbezüglich: „Hier muss eine Einheitlichkeit des politischen Planens und Handelns erreicht werden, die mit wirklichkeitsferner Utopie nichts, mit der Notwendigkeit menschenwürdiger Verhältnisse alles zu tun hat."[315] Öffentliche Äußerungen Horst

---

[312]   Vgl. „Planungsstab: Vision von 1985", ebd.; „Ehmkes Planungsgruppe ist gescheitert", in: Nordsee-Zeitung vom 19.08.1971, gefunden in: Dep. Horst Ehmke, 1/HEAA000093, AdsD Bonn.

[313]   Vgl. Bericht des Arbeitskreises der Staats- und Senatskanzleien und des Bundeskanzleramtes vom 04.03.1971, in: Nachlass Reimut Jochimsen, 1/RJAC000016, AdsD Bonn.

[314]   Vgl. Flohr, Die Tätigkeit der Planungsabteilung, ebd., S.59.

[315]   Vgl. Jochimsen, Wandel durch Planung, ebd., S.470f.

Ehmkes wiesen allerdings darauf hin, dass selbst die Führungsspitze im Bundeskanzleramt wenig Hoffnung auf eine erfolgreiche Etablierung einer langfristigen Planung hatte. So mutmaßte Ehmke in einem Zeitungsartikel vom Dezember 1971 diesbezüglich: „Angesichts des Fehlens von Vorarbeiten [...] ist mit einem schnellen Erfolg nicht zu rechnen."[316]

Die im Rahmen der Bund-Länder-Planung eingeführte Arbeitsweise kam einem weiteren Bruch in der Tätigkeit der Planungsabteilung gleich. Am deutlichsten zeigte sich dies in der Abwandlung der im Dezember 1970 formulierten Grundkonzeption für eine langfristige Planung. An die Stelle des Aufgabenrahmens, der einen relativ präzisen Entwurf der zukünftigen Regierungspolitik beinhaltet hatte, trat jetzt die Absicht, eine Gesamtproblemanalyse zu erstellen. Diese sollte für Bund und Länder nur noch Orientierungshilfen für die eigenen längerfristigen Planungen anbieten. Langfristige Planung sollte sich in Zukunft lediglich darauf beschränken, so formulierte es Reimut Jochimsen im Juli 1971, „den Makrorahmen der Zielfindung zu bestimmen und die Bandbreite der möglichen Ressourcenplanung aus[zu]loten."[317] Auf diese Weise rückte man explizit von früheren Vorstellungen ab, man könne eine Generalplanung bewerkstelligen, unter deren Dach viele verschiedene Einzelplanungen zusammengefasst werden würden. Bereits vor den Schwierigkeiten, eine langfristige Planung auf Bundesregierungsebene zu etablieren und der darauf folgenden Zusammenarbeit der Staatskanzleien mit dem Bundeskanzleramt, hatte Reimut Jochimsen eine Abkehr vom alten Konzept propagiert. So unterstrich er im März 1971 zwar die Notwendigkeit, die Planungen auf Bundesebene mit denen der Länder inhaltlich wie methodisch aufeinander abzustimmen, da gerade auf Landesebene in vielen Bereichen bereits weit über den mittelfristigen Bereich hinaus geplant werde. Anders als in seinem Konzept für einen Bundesentwicklungsplan, den Jochimsen im Jahr 1969 vorgestellt hatte, erteilte er in seinen Ausführungen nun allerdings einer allzu zentralisierten Planung eine grundsätzliche Absage. „Eine gemeinsame Planung des Bundes und der Länder könne realistischerweise nicht viel mehr sein als eben eine Ge-

---

[316] Vgl. Ehmke, „Computer helfen der Politik", ebd.

[317] Vgl. Jochimsen, Reimut, Planung im staatlichen Bereich, in: Bulletin des Presse- und Informationsamtes der Bundesregierung Nr. 113 vom 23.07.1971, S. 1236-1244, hier: S.1240.

samtproblemanalyse der längerfristigen öffentlichen Aufgaben für die kommenden Jahre."[318] Ferner machte Jochimsen deutlich, „dass es trotz allem für
den Bund von großer Wichtigkeit ist, umfangreiche Vorarbeiten natürlich vor-
ausgesetzt, einen langfristigen Bundesentwicklungsplan aufzustellen. Die Aufgabe eines solchen Planes muss es sein, langfristige Entwicklungen aufzeigen
und künftige Aufgaben des Bundes in sachlicher, zeitlicher, räumlicher und finanzieller Abfolge zu projizieren."[319]

Mittels veränderter Arbeitsgruppen, besetzt mit Verwaltungspraktikern
aus Bund und Ländern, sollten nun zunächst in einer sechsmonatigen Erpro-
bungsphase Möglichkeiten der Zusammenarbeit sondiert werden. Trotz der
Senkung der Anforderungen an die Zielsetzung des Projekts und des veränderten Aufbaus der Planungsgruppen, hatte das neue Bund-Länder-Projekt mit
ähnlichen Problemen zu kämpfen wie bereits sein Vorläufer auf Ebene der
Bundesregierung. Zum einem gab es massive Probleme beim Aufbau und der
personellen Ausstattung der Gruppen, zum anderen war man sich immer noch
nicht über die eigentliche Aufgabenstellung einig. All diese Probleme führten
dazu, dass die Sachverständigengruppen erst mit großer zeitlicher Verzögerung
ihre Arbeit aufnehmen konnten. Der im Mai 1972 vorgelegte erste Gesamtbe-
richt über eine Zusammenarbeit von Bundes- und Landesregierungen auf dem
Feld der langfristigen politischen Planung offenbarte in erster Linie Koordinie-
rungsmängel, Mängel der Informationsbasis und Diskrepanzen bei den angewandten Methoden und Techniken.[320] Der vorgelegte Sachstandbericht blieb
allerdings weitgehend folgenlos, da er auf Grund der verkürzten Legislaturperiode und der vorzeitigen Auflösung des Bundestages nicht mehr in die laufende Planungsarbeit einfloss.[321] Das Projekt einer langfristigen Aufgabenplanung
von Bund und Ländern wurde schließlich durch den Wechsel in der Leitungsebene des Kanzleramtes nach den Neuwahlen gänzlich eingestellt. Eine lapida-
re Äußerung Reimut Jochimsens unterstreicht im Zusammenhang mit den er-

---

[318] Vgl. Bericht des Arbeitskreises der Staats- und Senatskanzleien und des Bundeskanzleramtes
       vom 04.03.1971, ebd.
[319] Vgl. ebd.
[320] Vgl. Schatz, Auf der Suche nach neuen Problemlösungsstrategien, ebd., S.40; sowie Süß,
       „Wer aber denkt...?", ebd., S.372.
[321] Vgl. Bebermeyer, Regieren ohne Management?, ebd., S.76.

fahrenen Widerständen die offensichtliche Resignation, mit der der Leiter der Planungsabteilung zu kämpfen hatte. So schrieb Jochimsen: „Allzu viele gesellschaftliche Entwicklungsprobleme werden allein schon dadurch einer wirksamen Problemlösung vorenthalten, daß das betreffende Problem in zu kleine Einzelbereiche zergliedert wird oder mit überkommenen, vorgefaßten Meinungen in Angriff genommen wird. Echte politische Planung könnte eine der faszinierendsten Aufgaben im Dienste unserer gesellschaftlichen Entwicklung werden, wenn es gelingen würde, im Regierungsbereich selbst, aber auch in der Öffentlichkeit und in der Gesellschaft dem Miteinanderplanen einen höheren Stellenwert zu geben, als dies momentan der Fall ist."[322]

Das Vorhaben, eine langfristige Planung zunächst auf Bundesebene und schließlich in Zusammenarbeit mit den Ländern zu etablieren, verdeutlicht ein grundlegendes Dilemma der im Kanzleramt organisierten Planung. Auf der einen Seite standen die Ressorts und die Länder, die bereits mit eigenen langfristigen Planungen drohten, die Zukunft festzuschreiben. Auf der anderen Seite stand die Planungsabteilung im Kanzleramt, die, als „Super-Registratur"[323] verspottet, kaum Einfluss auf diese Entwicklung nehmen konnte. Dazu kamen Personalmangel und die Einsicht, dass die Zukunft nur in begrenztem Maße prognostizierbar war. Bereits vor den defätistischen Vermutungen Horst Ehmkes gegen Ende des Jahres 1971 bezüglich eines schnellen Erfolges der Bund-Länder-Planungen kam es somit abermals zu einer Schwerpunktverlagerung in der Planungsabteilung, die in diesem Fall eher einer Rückbesinnung gleichkam.

IV.6 Die Planungsabteilung am Ende der ersten Regierung Brandt

Trotz der Fokussierung auf die langfristige Aufgabenplanung war das Arbeitsprogramm der Bundesregierung seit seiner Einführung Ende des Jahres 1970 durch Mitarbeiter der Planungsabteilung und die Planungsbeauftragten kontinuierlich fortgeschrieben worden. In diesem Zusammenhang hatte sich auch

---

[322] Vgl. Jochimsen, Reimut, Planung des Staates in der technisierten Welt, in: Bulletin des Presse- und Informationsamtes der Bundesregierung Nr.85 vom 09.06.1972, S.1179-1184, hier: S.1184.
[323] Vgl. „Planungsstab: Vision von 1985", ebd.

das Datenblattverfahren als reines Informationsmedium durchaus bewährt. Wegen der Schwerpunktverlagerung der Planungsarbeit ab Herbst 1970 hatte die Weiterentwicklung des Arbeitsprogramms durch die anderweitige Bindung von Zeit und Ressourcen allerdings gelitten. Zu einer Fortentwicklung in Richtung des zu Beginn der Legislaturperiode intendierten Stufenprogramms und zu einer angestrebten Verknüpfung mit der Finanzplanung war es nicht gekommen. Darüber hinaus war die Zusammenarbeit mit den Ressorts alles andere als optimal. So machte sich hier die Tendenz bemerkbar, laufende und neue Vorhaben und Maßnahmen nicht wie vom Datenblatt vorgesehen einzeln zu melden, sondern zu bündeln. Auf diese Weise wurde die Planungsabteilung mit einer Flut von Programmen, Plänen und Reformen bombardiert, die in der Wahrnehmung Horst Ehmkes nur dazu diente, „die Reformpolitik lächerlich zu machen."[324]

IV.6.1 Phönix aus der Asche? Die Rückbesinnung auf das Arbeitsprogramm für die Bundesregierung

Vor dem Eindruck der sich schleppend entwickelnden Bund-Länder-Planungen und der defizitären Zusammenarbeit mit den Ressorts auf Bundesebene ist gegen Ende des Jahres 1971 eine verstärkte Rückbesinnung auf die Möglichkeiten des Arbeitsprogramms für die Bundesregierung zu beobachten. Ein zentraler Aspekt war dabei die Verbindung von mittelfristiger Aufgabenplanung, wie sie von der Planungsabteilung und dem Gremium der Planungsbeauftragten betrieben wurde, mit der Finanzplanung, die vom Ministerium für Finanzen durchgeführt wurde. Nach der Vorstellung Reimut Jochimsens sollte das Arbeitsprogramm in seiner instrumentalen Ausgestaltung so angelegt werden, dass von vornherein auf eine enge Verbindung mit der Finanzplanung geachtet und auf diese Weise die Weichenstellung für eine spätere Realisierung des Arbeitsprogramms selbst gewährleistet werden würde. Für die erfolgreiche Umsetzung einer solchen Verknüpfung musste in den Augen des Planungsleiters an erster Stelle die Zusammenarbeit zwischen der Regierungs-

---

[324] Vgl. Ehmke, Mittendrin, ebd., S.116.

zentrale und den Ressorts grundlegend erneuert werden.[325] Eine ähnliche Position vertrat Horst Ehmke, der das Arbeitsprogramm von Herbst 1970 als „ein Anfang mit vielen Mängeln"[326] bezeichnete. Man sei schlichtweg an dem Vorhaben gescheitert, die im Arbeitsprogramm formulierten Reformabsichten mit einer detaillierten Zeitplanung zu versehen. Das eigentliche Problem identifizierte er ebenfalls in der mangelnden Verknüpfung des politischen Arbeitsprogramms und der Finanzplanung des Bundes.[327] „Beides steht bis jetzt nebeneinander, in manchem sogar gegeneinander; beides in einer umfassenden Aufgabenplanung zu koordinieren, muss der nächste Schritt sein"[328], so der Chef des Kanzleramtes. Ein weiterer Aspekt, der sich zur Hälfte der Legislaturperiode in der Tätigkeit der Planungsabteilung bemerkbar machte, war die Vorbereitung auf den im Jahr 1973 erwarteten Bundestagswahlkampf. Aus einem revidierten Arbeitsprogramm wollte man die Programme und Reformvorhaben herausfiltern, mit denen sich die Regierungskoalition im Wahlkampf würde profilieren können. Gleichzeitig sollte das mittelfristige Arbeitsprogramm auch über die Bundestagswahl hinaus Bestand haben und aus diesem Grund auch als Basis für die kommende Regierungserklärung des Kanzlers dienen.

Dass die Rückbesinnung auf das zuvor vernachlässigte Arbeitsprogramm stark von parteipolitischen Interessen geleitet war, zeigt ein internes Arbeitspapier, das von der Planungsabteilung in Zusammenarbeit mit dem Institut für Entscheidungsplanung (IPEP) Ende des Jahres 1971 erstellt worden war. So heißt es dort: „Die Qualität der gesamten Arbeit der Planungsabteilung wird von der politischen Spitze vor allem an diesem Konzept gemessen werden. […] Nur wenn die Planungsabteilung bei ihrer Arbeit am neuen Programm von der Basisprämisse der Verlängerung der jetzigen Regierungskoalition ausgeht, wird sie eine Chance haben, Vorschläge einzubringen, die von den gewählten Repräsentanten aufgegriffen werden. Man muss realistisch sein, dass im Falle einer Übernahme der Regierung durch die jetzige Opposition oder einer neuen

---

[325] Vgl. Ergebnisprotokoll der Besprechung der Abteilungsleiter im Kanzleramt am 21.01.1972 und 24.01.1972, in: Nachlass Reimut Jochimsen, 1/RJAC000054, AdsD Bonn.

[326] Vgl. Ehmke, Planung im Regierungsbereich, ebd., S.2034.

[327] Vgl. ebd.

[328] Vgl. „Aufgaben und Planung im Regierungsbereich", Interview Horst Ehmkes mit dem „Generalanzeiger", abgedruckt in: Bulletin der Bundesregierung Nr.4, 08.01.1972, S.29-33, hier: S.30.

Koalition jedes Programm, das vom Apparat erstellt wird, kaum Handlungsgegenstand einer solchen neuen Regierung wird. [...] Die Planungsabteilung sollte in engen Kontakt zu den die jetzige Regierung tragenden politischen Parteien treten."[329] Diese Aussage unterstreicht, wie bereits zu diesem Zeitpunkt die Beschäftigung mit der Bundestagswahl, die in zwei Jahren erwartet wurde, in den Fokus der Arbeit rückte.

Die ab Ende des Jahres 1971 verfolgten Bemühungen zielten darauf ab, das Arbeitsprogramm in Richtung eines „problemorientierten Schwerpunktprogramms" weiter zu entwickeln, „bei gleichzeitiger methodischer Entwicklung einer allgemein verbindlichen Programmgrobstruktur."[330] Dies bedeutete die Vorgabe einer verbindlichen Struktur durch Gliederung in unterschiedliche Programmbereiche und die Verknüpfung mit der Ausgabenplanung. Auf diese Weise hoffte man ähnlich wie bei der ersten Auflage des Programms, dieses als Koordinierungsinstrument der gesamten Regierungsarbeit etablieren zu können.[331] Gleichzeitig wollte man sich bei diesem zweiten Anlauf aber vor einer allzu starken Einmischung in die Ressortautonomie schützen. Auf Grund der Erfahrungen der letzten Jahre wurde die Zweckmäßigkeit einer Umorganisation des Regierungsapparates grundsätzlich in Frage gestellt. Dies würde in der Ansicht der Planer im Kanzleramt „auf große Widerstände stoßen, weil die Mitglieder des Apparates mit organisatorischen Reformen übersättigt sind. Auch in der kritischen Öffentlichkeit herrscht ja vielfach der Eindruck vor, dass Umorganisationen im Apparat zum Selbstzweck geworden sind und keiner mehr weiß, auf welche Zwecke Informationssysteme, neue Formen der Aufbau- und Ablauforganisation ausgerichtet sind."[332] Die Planungsabteilung müsse sich vielmehr darauf besinnen, primär Programmarbeit zu machen und sich dabei auf das Planungssystem stützen, das bereits aufgebaut wurde. Kon-

---

[329] Vgl. Arbeitspapier der Planungsabteilung, Gruppe V/I, in Zusammenarbeit mit dem Institut für Entscheidungsplanung vom 13.12.1971, in: Nachlass Reimut Jochimsen, 1/RJAC000054, AdsD Bonn.

[330] Vgl. Ergebnisprotokoll der Besprechung der Abteilungsleiter im Kanzleramt am 21.01.1972 und 24.01.1972, ebd.

[331] Vgl. ebd.

[332] Vgl. Arbeitspapier der Planungsabteilung, Gruppe V/I, in Zusammenarbeit mit dem Institut für Entscheidungsplanung vom 06.01.1972, in: Nachlass Reimut Jochimsen, 1/RJAC000054, AdsD Bonn.

flikte innerhalb des Regierungsapparates, aber auch zwischen den Abteilungen im Bundeskanzleramt könnten nur dann vermieden werden, wenn von der Planungsabteilung kein flächendeckendes Gesamtprogramm, sondern wenige, tief gegliederte Programmbeiträge unter Hinzuziehung der Fachabteilungen erstellt würden. Beiträge zum Arbeitsprogramm seitens der Planungsabteilung sollten künftig so formuliert werden, dass den Ressorts ein nötiger Spielraum für die eigenen Fachplanungen bliebe.[333] Im Vergleich zu den Ambitionen, mit denen Horst Ehmke und Reimut Jochimsen ihre Arbeit zwei Jahre zuvor begonnen hatten, mutet diese Konzeption bescheiden an. Dem ursprünglich anvisierten integrierten Aufgabenplanungssystem, das ein kohärentes Arbeitsprogramm für die gesamte Bundesregierung erst möglich machen sollte, wurde nun durch die formulierten Vorschläge eine Absage erteilt.

In der Tat sollte diese zum Jahreswechsel 1971/1972 artikulierte Absicht zu einer neuen handlungsleitenden Maxime in der Arbeit der Planungsabteilung werden. Diese Entwicklung wurde zusätzlich durch die sich im Frühjahr 1972 abzeichnende Verkürzung der Legislaturperiode durch eine vorgezogene Bundestagswahl verstärkt. Der Bedarf nach einem überarbeiteten Arbeitsprogramm und die Vorbereitung der Regierungserklärung erschienen somit dringender als noch zu Beginn des Jahres. Vor dem Hintergrund, dass die Arbeiten am Projekt der gemeinsamen Bund-Länder-Planungen nur äußerst schleppend vorangingen, verfügte die Planungsabteilung zum Jahreswechsel zudem über die notwendigen Kapazitäten, um diese Aufgaben ohne größere Brüche anzugehen. Mittels einer im Frühjahr 1972 gebildeten Arbeitsgruppe wurde auf Basis der beschriebenen Überlegungen der Versuch unternommen, ein Grundkonzept für ein überarbeitetes Arbeitsprogramm zu erstellen.[334] Bei der Neuauflage konnten die Mitarbeiter der Planungsabteilung auch auf die im Vergleich zu den Anfängen der Planungsabteilung stark verbesserten Möglichkeiten zur elektronischen Datenauswertung Rücksicht nehmen. So umfasste das Konzept die Etablierung eines überarbeiteten einheitlichen Informationsauswertungssystems, mit dem man die Eingaben der Ressorts nun wirklich ver-

---

[333]   Vgl. ebd.
[334]   Vgl. Vermerk Michael Bertrams an die Mitglieder der AG Mittelfristige Aufgabenplanung am 24.08.1972, in: Nachlass Reimut Jochimsen, 1/RJAC000053, AdsD Bonn.

gleichbar machen wollte. Dies war bisher in Anbetracht zu geringer Kapazitäten weitgehend unterblieben. Mit einem neuen, standardisierten System sollten auch alle laufenden Programme der Ressorts erfasst werden und durch die Fortentwicklung des bestehenden Vorhabenerfassungssystems kontinuierlich in das mittelfristige Arbeitsprogramm einfließen. Der Planungszeitraum sollte dabei immer mit der Finanzplanung des Bundes abgeglichen und so die bisherigen Diskrepanzen ausgeräumt werden. Die Schaffung der Informationsgrundlage oblag dabei einem vollständig überarbeiteten Programmdatenblatt. Die gewonnenen Daten sollten dazu dienen, die zu Beginn einer jeden Legislaturperiode formulierten Rahmenvorgaben entsprechend zu konkretisieren. Mittels einer solchen prozessorientierten Vorgehensweise wollte man das Arbeitsprogramm zu einem wirklich flexiblen Instrument umgestalten, das in der Lage sein sollte, dynamisch auf Veränderungen zu reagieren. Das von der Arbeitsgruppe entwickelte Grundkonzept wurde am 18. Mai und am 5. Juni 1972 erstmals den Planungsbeauftragten vorgestellt. Auf Grund der vorgezogenen Bundestagswahl war es allerdings nicht mehr möglich, die im Konzept entwickelten Ideen entsprechend zu verdichten und somit blieb es bei einer prinzipiellen Billigung des bereits Erarbeiteten als Arbeitsgrundlage für die kommende Legislaturperiode.[335]

Basierend auf den Vorarbeiten der Arbeitsgruppe setzte sich Reimut Jochimsen auch über die Bundestagswahl hinaus für eine Weiterführung des Arbeitsprogramms ein, was anhand eines Briefwechsel zwischen ihm und Willy Brandt nachzuvollziehen ist.[336] In seiner Korrespondenz mit dem Bundeskanzler zog Reimut Jochimsen im Dezember 1972 dabei ein durchaus kritisches Resümee der bisherigen Arbeit. „Die im Arbeitsprogramm vom 22.Oktober 1970 gesteckten Ziele konnten nur äußerst unvollständig erreicht werden", schrieb er an den Kanzler. „Zum einem haben die eingetretenen konjunkturpreislichen Probleme zwischen 1970 und 1972 keine stetige Priorität der Reformpolitik ermöglicht und das Programm hat zum anderen keinen ausreichenden Rückhalt im Haushalts- und Finanzplanungsprozess erhalten. Die ent-

---

[335]   Vgl. ebd.; sowie Bebermeyer, Regieren ohne Management?, ebd., S.83.
[336]   Vgl. Briefe Reimut Jochimsens an Willy Brandt am 01.12.1970 und 04.12.1970, in: Nachlass Reimut Jochimsen, 1/RJAC000054, AdsD Bonn.

scheidende Schuld für den Misserfolg des Arbeitsprogramms liegt allerdings in der Tatsache, dass die Ressortchefs dem Arbeitsprogramm zu wenig politische Verbindlichkeit beigemessen haben"[337], so Jochimsen weiter. Die Stellung der Planungsbeauftragten in den Ressorts habe sich sowohl im Verhältnis zur jeweiligen Leitungsebene als auch gegenüber den Fachabteilungen außerdem als zu schwach erwiesen, ein Umstand, der von den Ressortleitungen bewusst forciert worden sei. Die darüber hinaus existierende mangelnde programmatische Ausrichtung im Kanzleramt und den Ressorts hätte schlussendlich zum unbefriedigenden Funktionieren des Arbeitsprogramms beigetragen.[338] Gleichzeitig sei die Notwendigkeit eines kohärenten Arbeitsprogramms innerhalb und außerhalb der Regierung unstrittig, fügte Jochimsen hinzu, „das Bedürfnis, besser als bisher die geplanten Ressortaktivitäten unter gesamtpolitischen Gesichtspunkten im Kabinett erörtern und koordinieren zu können, ist womöglich noch gewachsen."[339]

IV.6.2 Von der Euphorie zur Ernüchterung

Die vorgezogenen Neuwahlen zum Deutschen Bundestag am 19. November 1972 brachten auch die laufende Arbeit der Planungsabteilung zu einem vorgezogenen Ende. So konnten zwei aktuelle Projekte, die langfristige Planung auf Bund-Länder-Ebene und die Neuauflage des mittelfristigen Arbeitsprogramms der Bundesregierung, nicht weiter verfolgt werden. Trotz dieses vorzeitigen Endes der Planungsbemühungen kam es bei Horst Ehmke und Reimut Jochimsen nur teilweise zu einer entsprechenden Reflexion über die Erfahrungen der letzten drei Jahre im Kanzleramt und über die Möglichkeiten und Restriktionen von politischer Planung.

Anders als der Chef der Planungsabteilung hielt sich Horst Ehmke mit Äußerungen bezüglich einer zukünftigen Ausrichtung der Abteilung zurück. Überhaupt war es um den Chef des Kanzleramtes seit Jahresbeginn 1971 erstaunlich ruhig geworden, im Vergleich zur Vielzahl von öffentlichen Erwäh-

---

[337] Vgl. Brief Reimut Jochimsens an Willy Brandt am 01.12.1972, ebd.
[338] Vgl. ebd.
[339] Vgl. Brief Reimut Jochimsens an Willy Brandt am 04.12.1972, ebd.

nungen und Auftritte in den Monaten zuvor.[340] Diese vielfach als Resignation gedeutete Verhaltensweise wurde im November 1971 durch einen Vortrag an der Universität Freiburg unterbrochen, auf dessen Basis der Kanzleramtschef kurz darauf zwei Artikel für die Wochenzeitung Die Zeit verfasste.[341] In seinen Beiträgen identifizierte Ehmke zum einen drei Gruppen, die der politischen Planung hindernd gegenüberstünden, zum anderen nutzte er die öffentliche Bühne auch für eine persönliche Rechtfertigung des von ihm propagierten Weges. Zu den planungsfeindlichen Gruppen zählte er die Öffentlichkeit, die Verwaltung und die Politik selbst. So mache sich besonders in der öffentlichen Bewertung der eingesetzten Planungsmethoden der Rückstand der Bundesrepublik im Vergleich zu anderen westlichen Industriestaaten nach wie vor bemerkbar. Die Wissenschaft habe es aus diesem Grund immer noch schwer, die notwendige öffentliche Resonanz für ihre Prognosen zu finden. Ein Umstand, der sich laut Ehmke besonders im Bereich der langfristigen Planung mit der ihr eigenen, schweren Vermittelbarkeit bemerkbar mache. Trotz eines in den letzten Jahren eingesetzten Bewusstseinswandels sei es nach wie vor ausgesprochen schwer, die Menschen mit Problemen der Zukunft zu konfrontieren. Dazu brauche die Politik in höherem Maße als bisher „die Hilfe der Schule, der Wissenschaft und der Massenmedien."[342]

Die gleichen Defizite, die er mit Blick auf die Öffentlichkeit konstatierte, meinte er auch im Bereich der Verwaltung zu erkennen. Die Verwaltung sei weder „personell noch organisatorisch darauf eingerichtet, planvoll an der Aufstellung eines Konzeptes politischer Zielsetzungen und Handlungsprogramme mitzuwirken. Die herkömmliche Ausbildung, die herkömmliche Organisations- und Motivationsstruktur stehen der Planung entgegen"[343], so Ehmke resigniert. Ähnlich wie im öffentlichen Bereich müsse es nun die Aufgabe der Politik sein, die nötigen Voraussetzungen innerhalb der Verwaltung zu schaffen und das existierende System aufzubrechen. Dies sei nur durch eine

---

[340] Vgl. Zundel, Rolf, „Auf Normalmaß gestutzt", in: Die Zeit vom 26.03.1971; sowie Vine, George, „Enfant terrible statt Wunderkind", in: Welt am Sonntag vom 21.03.1971; auch: „Kanzleramt: Der Macher", ebd.

[341] Vgl. Ehmke, Horst „Planen ist keine Sünde, Erfahrungen aus der Bonner Regierungspraxis (I)", in: Die Zeit vom 10.12.1971; sowie Ders., „Computer helfen der Politik, ebd.

[342] Vgl. Ehmke, Planung im Regierungsbereich, ebd., S.2027.

[343] Vgl. ebd.

entsprechende Aus- und Fortbildung der Beamten sowie durch eine kontinuier-
liche Beratung durch Spezialisten zu erreichen. Allerdings, so der Chef des
Kanzleramtes, bringe der Einsatz von externen Experten, vornehmlich aus der
Wissenschaft, wiederum ein neues Problem mit sich. Er setze „ein Verständnis
der Beamten für die Denk- und Arbeitsweisen der Wissenschaftler voraus,
umgekehrt aber auch ein Verständnis der Wissenschaftler für die Bürokratie."[344] So müssten beide Seiten dazu befähigt werden, einander zu verstehen,
was bei den unterschiedlichen Herangehens- und Ausdrucksweisen keine
Selbstverständlichkeit sei. Dieser Denkweise folgend plädierte Horst Ehmke
dafür, dass sich die Bundesregierung bemühen müsse, die Wissenschaft unmit-
telbar in den Prozess der politischen Entscheidungsfindung miteinzubeziehen.
Dabei solle die Wissenschaft allerdings mehr leisten als nur die Mittel zu nennen, vielmehr solle eine wissenschaftliche Denkweise die Verwaltung und den
Regierungsapparat durchdringen. Dies könne zum einen dadurch erreicht werden, dass junge Wissenschaftler beispielsweise auf Vertragsbasis in zentralen
Planungsabteilungen eingesetzt würden, zum anderen durch eine verbesserte
Ausbildung der Beamten. Auf diese Weise würde bei den einen das Verständnis für die Bürokratie und bei den anderen das Verständnis für Denk- und Arbeitsweisen der Wissenschaft gefördert. Um einen „Klassenkampf von Planern
und Bürokraten", der wegen der unterschiedlichen Mentalitäten trotz allem
möglich wäre, zu vermeiden, „kann politische Planung nicht neben der klassischen Bürokratie organisiert werden", so Ehmke. „Sie muss vielmehr in den
Regierungsapparat integriert werden."[345] Auf diese Weise könnten einige
schwierige Kooperationsprobleme, die eine Verkopplung von Wissenschaft
und Bürokratie naturgemäß mit sich bringe, zumindest abgemildert werden.[346]

Als dritte und zentrale Gruppe, deren Verhalten die administrativen Widerstände gegenüber politischer Planung noch verstärke, identifizierte Ehmke
die Politik selbst. Politiker im Allgemeinen und die Ressortchefs im Besonderen seien überwiegend „competetive animals"[347], bei denen die Durchsetzung
der eigenen Interessen mehr als die Einordnung derselben in ein politisches

---

[344]   Vgl. ebd., S.2028.
[345]   Vgl. ebd.
[346]   Vgl. Ehmke, „Planen ist keine Sünde", ebd.
[347]   Vgl. Ehmke, Planung im Regierungsbereich, ebd., S.2028.

Gesamtkonzept gelte. Jeder Anflug von modernem Team-Denken sei ihnen fremd. Auch bei dieser Gruppe konstatierte der Brandt-Vertraute ein mangelndes kritisches Zukunftsbewusstsein. Bei Politikern werde eben doch „eher Tagesopportunismus als zukunftsorientiertes Handeln prämiert, zumal, wenn dieses Handeln mit zusätzlichen Belastungen verbunden sein sollte."[348] Im Bezug auf den von Machiavelli formulierten Dreisatz rationaler Politik und in Abgrenzung zu seinen früheren Standpunkten merkte Horst Ehmke im selben Zeitraum resigniert an, dass es in modernen Staaten mehr bedürfe als eine „Feststellung der Ausgangslage, Bestimmung der Ziele und Einsatz des Instrumentariums zur Beseitigung der Diskrepanzen zwischen Ausgangs- und Zielsituation."[349] Die eigene Arbeit im Kanzleramt sah Horst Ehmke hingegen weniger kritisch. Im Großen und Ganzen könnten die Planer im Kanzleramt mit ihrer Arbeit zufrieden sein, so der Tenor eines Interviews im Januar 1972. Und im Widerspruch zu seinen Äußerungen einige Monate zuvor merkte er nun an: „Die Zusammenarbeit mit den Ministerien ist gut. Die Ressorts haben schnell gemerkt, daß wir nicht Wissen oder Macht monopolisieren wollen, sondern daß das Kanzleramt auch auf dem Gebiet der Planung die Ressorts nur koordinieren und nicht verdrängen will."[350] Notwendige Verbesserungen seien insbesondere auf höherer Ebene und nicht so sehr in der Planungsabteilung notwendig. Dazu zählten weiterhin eine Reorganisation des öffentlichen Dienstes und eine grundsätzliche Reform der Zuständigkeiten auf Regierungsebene. Ein Grund für Ehmke, seinen Vorschlag zur Bildung von Bundeszentralämtern, die die Ministerien als die eigentlichen politischen Entscheidungsinstanzen auf dem Gebiet der Administration unterstützen sollten, wieder zu reaktivieren.[351]

Anders als sein Vorgesetzter beschäftigte sich Reimut Jochimsen mit einer grundsätzlichen Neuausrichtung der Planungsabteilung im Bundeskanzleramt. Eines der von ihm identifizierten zentralen Defizite war die Tatsache,

---

[348]   Vgl. ebd.
[349]   Vgl. Ehmke, Horst, unveröffentlichtes Vortragsmanuskript, ohne Datum [Herbst 1971], in: Nachlass Reimut Jochimsen, 1/RJAC000012, AdsD Bonn.
[350]   Vgl. „Aufgaben und Planung im Regierungsbereich", Interview Horst Ehmkes mit dem „Generalanzeiger", ebd., S.30.
[351]   Vgl. ebd., S.32.

dass die konzeptionell tätigen Organisationseinheiten der Planungsabteilung zu wenig mit den Fachreferaten des Bundeskanzleramtes sowie mit den Ressorts bei der Lösung von ressortübergreifenden Planungs- und Koordinierungsproblemen zusammenarbeiten würden. Darüber hinaus seien die Ressorts aber auch nicht den Erfordernissen eines zweckmäßigen Planungsverbundes durch interne Reorganisation nachgekommen. Zum anderen identifizierte er grundlegende Probleme bei der Pflege der Vorhabendatei durch die Planungsabteilung, kritisierte aber auch die Unfähigkeit beziehungsweise Unwilligkeit der Ressorts zur richtigen Nutzung des Informationssystems. Für Jochimsen konnten diese Defizite nur durch einen Neuanfang verbunden mit einer grundsätzlichen Neuorganisation gelöst werden. Aus diesem Anlass beschäftigte er sich nach der Bundestagswahl 1972 mit verschiedenen Organisationsvorschlägen, die entweder eine Stärkung der Planungsabteilung oder ihre Auflösung und Eingliederung in die anderen Fachabteilungen im Kanzleramt forderten.[352]

In seinen eigenen Überlegungen über die Zukunft der Planungsabteilung forderte Jochimsen eine grundsätzliche Stärkung ihrer Position im Regierungsgefüge. Besonders im Bereich der Regierungs- und Verwaltungsreform drängte der Chef der Planungsabteilung auf einen vergrößerten Einfluss derselben. Denn in den kommenden Jahren, darin war er sich mit seinem Vorgesetzten einig, „werden Organisations- und Strukturfragen unter dem Stichwort Rationalisierung der Verwaltung zu einem politischem Schwerpunkt werden und dabei große politisch kontroverse Aufmerksamkeit finden."[353] „Wenn nun allerdings", so Jochimsen, „die Planungsabteilung in Zukunft weiterhin eine zentrale Rolle in der Ausgestaltung der Regierungspolitik spielen soll, ist es unverzichtbar, sie an dieser zentralen Aufgabe zu beteiligen."[354] Gleichzeitig sah er in der Ansiedlung der „Projektgruppe Regierungs- und Verwaltungsreform" beim Innenministerium eine Behinderung der Planungsarbeit. „Die Planungs- und Koordinierungsvorhaben, die im Kanzleramt beziehungsweise im

---

[352]   Vgl. Brief Hartmut Bebermeyers an Reimut Jochimsen am 27.12.1972, in: Nachlass Reimut Jochimsen, 1/RJAC000052, AdsD Bonn. Zu öffentlichen Spekulationen bezüglich einer Auflösung der Planungsabteilung vgl. „Kanzleramt: Planer auf Abruf", in: Wirtschaftswoche vom 08.12.1972.

[353]   Vgl. Brief Reimut Jochimsens an Willy Brandt am 01.12.1972, ebd.

[354]   Vgl. ebd.

Planungsverbund der Ressorts entwickelt werden", kritisierte Jochimsen, „ist ohne organisatorische Änderungen im Regierungsapparat vielfach nicht zu verwirklichen, wie man an den Entwicklungen der letzten Jahre sieht."[355] Neben einer diesbezüglichen Kompetenzübertragung vom Innenministerium auf das Bundeskanzleramt sprach er sich für eine Verbesserung der Frühkoordinierung der Gemeinschaftsaufgaben im Regierungsbereich und damit verbunden für eine Fortführung der Bund-Länder-Bemühungen um eine längerfristige Aufgabenplanung aus.[356] Die elementare Verbindung von Finanzplanung und politischer Aufgabenplanung bilde allerdings weiterhin die Grundlage für eine erfolgreiche zukünftige Planungspolitik. „Inhaltlich kann die Entwicklung eines abgestimmten Programms der Regierungsaktivitäten ergo erst erfolgen, wenn die Zusammenarbeit von Ressorts, Finanzministerium und Bundeskanzleramt beim organisatorischen Aufbau einer Verbindung von Arbeitsprogramm und Finanzplanung nicht gestört wird"[357], so Jochimsen in seinen Ausführungen an Willy Brandt. Wie groß der Einfluss des Planungsbefürworters auf den Kanzler selbst zu diesem Zeitpunkt noch war, zeigt ein Brief Willy Brandts an Innenminister Hans-Dietrich Genscher. In diesem folgte er der Argumentationsweise Jochimsens bezüglich der Neuorganisation des Kanzleramtes, die im Endeffekt einer weiteren Stärkung des Amtes gleichkam, in zentralen Punkten. So setzte sich Brandt beispielsweise dafür ein, dass die Zuständigkeit über die Projektgruppe Regierungs- und Verwaltungsreform auf das Kanzleramt übertragen werden sollte.[358]

Mit den Neuwahlen im November 1972 endete auch die Zeit Horst Ehmkes im Kanzleramt. Willy Brandt, der seinen Vertrauten zunächst in seiner Umgebung halten wollte, konnte sich gegen dessen Gegner in Partei und Fraktion nicht durchsetzten. Die Entfernung Ehmkes aus der direkten Umgebung des Kanzlers wurde vor allem von seinem Rivalen Helmut Schmidt und Fraktionschef Herbert Wehner betrieben. Diese zielten darauf ab, den Kanzler von

---

[355] Vgl. ebd.

[356] Vgl. Vermerk Reimut Jochimsen an die Abteilungsleiter des Bundeskanzleramtes am 17.11.1972, in: Nachlass Reimut Jochimsen, 1/RJAC000052, AdsD Bonn.

[357] Vgl. Brief Reimut Jochimsens an Willy Brandt am 01.12.1972, ebd.

[358] Vgl. Brief Willy Brandts an Hans-Dietrich Genscher am 14.12.1972, in: Nachlass Reimut Jochimsen, 1/RJAC000051, AdsD Bonn.

seinem bisherigen Beraterkreis, in der Diktion Schmidts den „Hofschran-zen"[359], zu trennen, um so deren Einfluss auf den häufig labilen Brandt zu be-grenzen. Daneben sei auch die von Reimut Jochimsen geleitete Planungsabtei-lung, für Schmidt nicht mehr als „Ehmkes Kinder-Dampfmaschine"[360], abzu-bauen. Rückblickend gestand Horst Ehmke ein, bereits viel früher resigniert und Brandt gegenüber schon vor der Wahl den Wunsch geäußert zu haben, „nach drei Jahren Plackerei etwas Selbstständiges zu machen"[361]. Dieser folgte mit der Berufung Ehmkes zum Bundesminister für Forschung und Technologie in Personalunion mit dem Postministerium schließlich auch dessen ausdrückli-chem Wunsch. Anders als Horst Ehmke blieb Reimut Jochimsen auch über die Novemberwahl hinaus im Bundeskanzleramt beschäftigt. Allerdings wechselte er, um dem gewandelten Selbstverständnis des Amtes auch personell Rech-nung zu tragen, von der Planungsabteilung in die Wirtschaftsabteilung, der er ebenfalls als Leiter vorstand.[362]

---

[359] Vgl. „Wir brauchen Hilfe, das ist viel zu gut", in: Der Spiegel, 48/1972, vom 21.11.1972.

[360] Vgl. „Wer was wird, weiß nur der liebe Gott", in: Der Spiegel, 49/1972, vom 27.11.1972.

[361] Vgl. Ehmke, Mittendrin, ebd., S.225.

[362] Vgl. „Ein bißchen Bammel ist dabei", in: Der Spiegel, 53/1972, vom 25.12.1972.

V. Schlussfolgerung

Die Arbeit der Planungsabteilung des Bonner Bundeskanzleramtes zwischen 1969 und 1972 lässt sich bezüglich ihrer Fokussierung und Zielsetzung in vier Phasen einteilen. In einer ersten Phase, die deckungsgleich mit dem ersten Jahr der Regierung ist, standen die Etablierung des Frühkoordinierungssystems und die Ausgestaltung eines Arbeitsprogramms der Bundesregierung im Fokus. In diesem Zeitraum wurden bereits die grundlegenden Probleme und Verwerfungen, wie technische Fragen und die Vorbehalte der Ressorts bezüglich der zentralen Planungsabteilung, deutlich. In einer zweiten Phase, zwischen Herbst 1970 und Juni 1971, wurde der Blickpunkt vom Arbeitsprogramm der Bundesregierung auf die Etablierung einer langfristigen Aufgabenplanung verschoben. Die nun verfolgte Zielsetzung, nämlich die Aufgaben der Regierung auf Bundesebene für die nächsten 15 Jahre vorauszuplanen, kam dabei einem Bruch mit der zuvor auf Mittelfristigkeit ausgelegten Aufgabenplanung gleich. In einer dritten Phase, zwischen Juni 1971 und Dezember desselben Jahres, wurde diese langfristige Aufgabenplanung in eine Bund-Länder-Kommission überführt, allerdings unter veränderten Vorzeichen. Zuvor hatte man versucht, eine Generalplanung zu etablieren, unter deren Dach viele Einzelplanungen zusammengefasst werden konnten. Diese Zielsetzung wurde dahingehend aufgeweicht, dass man nun lediglich eine Gesamtproblemanalyse verbunden mit einer Orientierungshilfe für zukünftiges Handeln erstellen wollte. Im Schatten dieser Veränderung der Denkweise stand auch die letzte Phase, anzusiedeln zwischen Dezember 1971 und den vorgezogenen Neuwahlen im November 1972. Mit einer verstärkten Hinwendung zu dem zuvor vernachlässigten Arbeitsprogramm wollte man die neuen handlungsleitenden Maximen auch auf dieses Instrument übertragen. Die unerwarteten Neuwahlen brachten allerdings auch dieses Projekt, ähnlich wie die langfristigen Aufgabenplanungen, zu einem plötzlichen Ende.

Obwohl sich die skizzierten Phasen der Planungsarbeit in der ersten Regierung Brandt hinsichtlich ihrer individuellen Schwerpunktsetzung voneinan-

der unterschieden, lässt sich doch das Vorhandensein von grundsätzlichen planungspolitischen Leitlinien im Untersuchungszeitraum konstatieren. Durch die
Einführung moderner Informations-, Planungs- und Führungsmethoden sollten
die Wirksamkeit der politischen Führung des Bundeskanzlers und die Wirksamkeit der politischen Kontrolle der Minister in ihren Ressorts gesteigert
werden. Dies sollte zunächst durch die Herstellung einer Übersicht über die
Geschäftsabläufe der Bundesregierung in ihren Gesamtzusammenhängen erreicht werden. Die darauf aufbauende Zielsetzung wird sowohl in den Vorarbeiten von Horst Ehmke und Reimut Jochimsen als auch in den Bemühungen
um ein Arbeitsprogramm für die Bundesregierung deutlich. Durch die Transformierung des Regierungsprogramms in die politische Praxis wollte man eine
Politik aus einem Guss ermöglichen und auf diese Weise auch mittels Planung
und Information zur Verbesserung der Transparenz im politischen Prozess beitragen. Durch klare Prioritätensetzung und eine politische Ergänzung der Finanzplanung sollte die Umsetzung der vom Kanzler formulierten Reformziele
erreicht werden.

Die Ausweitung von politischer Planung im Bundeskanzleramt zwischen
1969 und 1972 war somit der Versuch, die Politik der inneren Reformen mit
einem technischen Unterbau zu versehen. Die versuchte Implementierung von
weitreichenden Planungsmechanismen steht dabei selbst exemplarisch für den
in der Regierungserklärung vorherrschenden Machergeist. Die immense öffentliche Aufmerksamkeit, die dem Themenkomplex der politischen Planung
mit der Bildung der sozialliberalen Koalition zuteil wurde, ist zudem ein wichtiges Indiz für die Erwartungshaltung, die nicht nur innerhalb der Regierung
vorherrschte. Politische Planung wurde zu einem zentralen Bestandteil in der
Politik der sozialliberalen Koalition, wenn es darum ging, den selbst gesetzten
Ansprüchen an eine Modernisierung der Regierungsarbeit gerecht zu werden,
denn, so hatte es Kanzler Brandt in seiner Regierungserklärung formuliert, die
Regierung wollte ja „bei sich selbst anfangen". In diesem Zusammenhang sind
auch die Veränderungen innerhalb des Amtes, das von altpreußischen Zustän-
den befreit werden sollte, oder die funktionalistischen Neubaupläne zu sehen.
Der Versuch, durch die Sonderstellung der neu geschaffenen Planungsabteilung und durch die Einbindung von wissenschaftlichem Personal in die direkte

bürokratische und politische Arbeit mit der konventionellen Struktur des Beamtenapparates zu brechen, lässt auch einen gewissen Pilotcharakter dieses Projektes offensichtlich werden.

Die Veränderungen im Kanzleramt nach 1969 tragen deutlich und wenig verwunderlich die Handschriften des Kanzleramtschefs und des Leiters der Planungsabteilung. Der Annahme, dass, wie von Winfried Süß aufgezeigt, dabei auch die Projektgruppe Regierungs- und Verwaltungsreform mit ihren noch zu Zeiten der Großen Koalition formulierten Vorschlägen Pate stand, ist zuzustimmen.[363] Nicht zuletzt war aber auch dieses Reformgremium von sozialdemokratischer Seite angeregt und es zeigt in seinen Vorarbeiten markante Übereinstimmungen mit den unter Ägide von Horst Ehmke ausgearbeiteten Perspektiven und den weiterführenden Überlegungen Reimut Jochimsens. Bei der Beschäftigung mit den planungstheoretischen Vorarbeiten beider Personen wird, wie schon im Zwischenfazit beleuchtet, bereits vor 1969 eine enge Verbindung zur späteren Politik der inneren Reformen deutlich. Dies zeigt sich vor allem in der Betonung von Aspekten der Freiheitssicherung, Mitbestimmung und Transparenz, die unter dem Schlagwort der Modernisierung vereint wurden. Gleichzeitig wurden von ihnen aber auch die einzelnen Stränge der planungstheoretischen Diskussion, die in den sechziger Jahren geführt wurde, und die von euphorischer Zustimmung bis zur ablehnenden Skepsis reichten, rezipiert und miteinander verbunden. Dieser Umstand wird besonders bei Horst Ehmke und seiner Replik auf konservative Kritiker wie Helmut Schelsky oder auf liberale Vorbehalte, wie die von Ralf Dahrendorf geäußerten, deutlich. Die aufgegriffenen Ansätze glichen sich in ihrem Grundtenor, nämlich der Notwendigkeit einer Modernisierung des Staates. In der Konzeption von Horst Ehmke und Reimut Jochimsen war Planung aber nun nicht mehr die Tochter der Krise. Vielmehr wurde sie als die einzige Möglichkeit für eben jene Modernisierung und damit einhergehend mit der Sicherung von Freiheit und Demokratie betrachtet. In dieser Denkweise wird eine grundsätzliche Neubewertung von politischer Planung deutlich. Planung wurde aus ihrem Dasein als reinem Korrekturinstrument befreit und sollte nun alle Politikfelder umfassen, aufeinander abstimmen und auf diese Weise die Zukunft besser als

---

[363]   Vgl. hierzu Süß, „Wer aber denkt…?", ebd., S.358.

zuvor gestaltbar machen. Vor dem Hintergrund des Jahres 1968 drängt sich dennoch die Frage auf, inwieweit dieses Planungsdenken von den als krisenhaft empfundenen Ereignissen beeinflusst wurde. Michael Ruck erteilt dieser Einschätzung eine Absage, indem er die Planungsvorhaben der sozialliberalen Koalition in eine direkte Kontinuität mit der Planungsdiskussion, die seit 1963 in der Bundesrepublik geführt wurde, stellt.[364] Diese Einschätzung mag in vielerlei Hinsicht, gerade bezogen auf die Personen Ehmke und Jochimsen, bei denen eine intensive Beschäftigung und Beteiligung an diesem Diskurs deutlich wird, stimmen. Gleichwohl waren die planungs- und demokratietheoretischen Diskussionen der sechziger Jahre aber auch ein Ausdruck der zunehmenden Liberalisierungs- und Modernisierungstendenzen der westdeutschen Gesellschaft, von denen die 68er-Bewegung wiederum einen Teil beziehungsweise einen Gipfelpunkt darstellte. Die Ausführungen Horst Ehmkes auf dem Nürnberger Parteitag der SPD weisen darauf hin, dass die Ereignisse dieses Jahres die Notwendigkeit einer Modernisierung von Regierung und Verwaltung noch dringlicher in Erinnerung riefen. Planung in der ersten Regierung Brandt war damit noch lange nicht eine Tochter der Krise, sie ist aber zweifellos auch als Antwort auf krisenhafte Erscheinungen zu verstehen.

Dass die eigentliche Umsetzung von politischer Planung von Problemen und Hindernissen geprägt war, hatte mehrere Gründe. Zum einen hing dies mit der euphorischen Grunderwartung bezüglich des Erfolges der planerischen Maßnahmen und personenbezogenen Faktoren zusammen. So bewerteten Horst Ehmke und Reimut Jochimsen die Möglichkeiten der Implementierung einer politischen Gesamtplanung offensichtlich zu optimistisch und scheinen rückblickend auch selbst ungeeignet für die Realisierung einer solch diffizilen Aufgabe. Horst Ehmke ging mit seiner ungestümen und undiplomatischen Art mit „allen auf Kollisionskurs", kam damit aber auch seiner Aufgabe als Kanzleramtschef und dessen Funktion, dem Kanzler „den Rücken freizuhalten"[365], nach. Die Absicht, zeitgleich ein integratives Planungssystem, das die gesamte Regierungsarbeit umfassen sollte, zu etablieren, musste mit dieser funktionellen Selbstbeschreibung zwangsläufig kollidieren. Anders als sein Vorgesetzter

---

[364]   Vgl. hierzu Ruck, Westdeutsche Planungsdiskurse und Planungspraxis, ebd., S.317.
[365]   Vgl. Ehmke, Mittendrin, ebd., S.102.

konnte sich Reimut Jochimsen ganz auf die Umsetzung der intendierten Planungskonzeption konzentrieren. Doch gerade in dieser Funktion offenbarte er sich als politikferner Theoretiker, dem ein Gespür für Machtstrukturen in der Verwaltung und der Bürokratie fremd war. Ein Umstand, der die sowieso schon starken Vorbehalte gegenüber den Planern von Seiten der Ressorts noch wachsen ließ, da dort die Wenigsten mit den elaborierten Konzepten des Professors aus Kiel etwas anfangen konnten.

Neben solchen persönlichkeitsspezifischen Fragen wurden zum anderen aber auch die Probleme, die bereits der Planungsstab unter Werner Krüger im Verhältnis mit den Ressorts hatte erfahren müssen, verkannt. Die pedantische Wahrung der eigenen Autonomie stand für die Ressortchefs nach wie vor an erster Stelle. Der Unwillen der neu geschaffenen Planungsbeauftragten, sich von Beginn ihrer Tätigkeit an eine einheitliche Aufgabenbeschreibung diktieren zu lassen, unterstreicht die Vermutung, dass das regierungsweite Planungssystem von vorneherein zum Scheitern verurteilt war. Der offensichtliche Misserfolg der Planungskonzeption nach 1972 ist allerdings nicht in erster Linie mit den vorhandenen Kontinuitäten personeller und inhaltlicher Natur nach dem Machtwechsel zu erklären, sondern geschah vielmehr trotz dieser.[366] Die Mitarbeiter der Planungsabteilung, auch diejenigen, die von der neuen Amtsleitung übernommen wurden, zeigten sich den propagierten planerischen Maßnahmen gegenüber größtenteils aufgeschlossen. Dasselbe galt zunächst, bis zum öffentlichen Konflikt um eine Prioritätensetzung für die Arbeit der Bundesregierung im Sommer 1970, auch für die Mitarbeiter in den Ressorts. Aufs Engste mit dieser Konfliktlinie verbunden, sticht die euphorische Bewertung technischer Möglichkeiten, die ein funktionierendes System der Frühkoordinierung gewährleisten sollten, ins Auge. Allerdings verstärkten die von Horst Ehmke und Reimut Jochimsen vorgestellten technischen Maßnahmen in Anbetracht ihrer funktionellen Unausgereiftheit letzten Endes die Vorbehalte der Ressorts. Diese Tatsache ist umso bezeichnender, da auch die Einstellung der Fachabteilungen in den Ressorts gegenüber einem zentralen Informationssys-

---

[366] Vgl. zu Überlegungen, die ein Scheitern der Planungskonzeption auch auf personelle Kontinuitäten zurückführen Ruck, Westdeutsche Planungsdiskurse und Planungspraxis, ebd., S.317f.

tem nach einer kurzen Phase des Zögerns grundsätzlich positiv war. Erst durch
das häufig inkonsequente und in Teilen auch rücksichtslose Vorgehen von Seiten des Kanzleramtes schwand die Zustimmung stetig.

Durch die angeführten Probleme ergibt sich rückblickend betrachtet eine
sehr inkonsequente Umsetzung der planungspolitischen Leitlinien in der ersten
Regierung Brandt. Dabei waren die zentralen Akteure nicht nur Opfer von externen Entwicklungen, die ihnen in die eigene Arbeit hinein diktierten oder
diese boykottierten, sondern sie betrieben diese wechselhafte Politik stellen-
weise mit Nachdruck. In diesem Zusammenhang darf der Einfluss, der besonders von Seite der SPD auf die Planungsabteilung im Kanzleramt ausgeübt
wurde, nicht unterschätzt werden. Die Einführung eines langfristigen Orientie-
rungsrahmens und die Beschäftigung mit diesem innerhalb der Partei ab dem
Jahr 1971 setzten auch die sozialdemokratischen Planer im Bundeskanzleramt
erheblich unter Druck, sich auch auf diesem Feld zu engagieren. Bei den immer wieder erfahrenen Widerständen aus den Bundesressorts, die sich durch
die Arbeit der Planer im Kanzleramt in ihrer Autonomie bedroht sahen, darf
darüber hinaus die Rolle Kanzler Brandts nicht vergessen werden. Zwar stand
dieser immer zu Horst Ehmke und dessen Planungsabteilung, ließ allerdings
gleichzeitig auch die Zügel, die der Kanzleramtschef ihm durch die Stärkung
der Richtlinienkompetenz wieder straffen wollte, häufig schleifen. Die Minister hätten sich am „richtlinienfreien Dasein gelabt", umschreibt es der Politik-
wissenschaftler Theodor Eschenburg.[367]

Neben diesen zahlreichen Kritikpunkten muss allerdings auch berücksichtigt werden, dass Horst Ehmke und Reimut Jochimsen mit der von ihnen intendierten Gesamtplanung in vielen Punkten Neuland betraten. Zwar wird eine
Beschäftigung mit ausländischen Planungsmodellen, allen voran mit dem amerikanischen PBBS deutlich, allerdings wird ein solches allumfassendes System
von ihnen zugleich abgelehnt, da es als nicht durchsetzungsfähig bewertet
wird.[368] Die Äußerungen Ehmkes und Jochimsens und auch die planerische
Realität nach 1969 stehen somit Vermutungen entgegen, die eine enge Verbin-

---

[367] Vgl. Eschenburg, Theodor, Kanzler, Kabinett und Koalitionen. Eine kleine Chronik der
Richtlinienkompetenz des Regierungschefs, in: Die Zeit vom 08.04.1988.
[368] Vgl. hierzu auch: Süß, „Wer aber denkt…?", ebd., S.360.

dung oder gar eine Übernahme des amerikanischen Modells sehen.[369] Trotz der erfahrenen Restriktionen wie den Ressortwiderständen und dem konservativ geprägten Beamtenapparat gelang Horst Ehmke und Reimut Jochimsen zweifellos eine grundständige Modernisierung des Kanzleramtes und der Abläufe innerhalb der Regierung, die auch über das Jahr 1972 hinaus Bestand haben sollte. Hierzu zählten die Wiedereinführung eines Personalrotationssystems und die Etablierung eines Informationssystems auf Basis des Datenblattes. Zudem wurde die kommende Bedeutung der elektronischen Datenverarbeitung erkannt. Dass die Mechanismen der EDV bewusst als eine Art erzieherische Maßnahme eingeführt wurden, um ihre zukünftige Akzeptanz innerhalb des Apparates zu erhöhen, ist dabei besonders hervorzuheben. Gerade bei Horst Ehmke wird die rückblickend richtige Einschätzung des immensen Potenzials moderner Datenverarbeitung deutlich, auch wenn diese eben nicht so schnell und wie gefordert in die Regierungspraxis integriert werden konnte. Im Nachhinein resümierte Ehmke diesbezüglich: „Die Bedeutung der modernen Nachrichtentechnologie für unsere Gesellschaft habe ich richtig eingeschätzt. Die politischen Einflussmöglichkeiten des Bundes hatte ich überschätzt."[370]

Die von vielen Zeitgenossen und auch in der zeitlichen Rückschau häufig konstatierte und kritisierte technokratische Perspektive der beiden zentralen Akteure ist unverkennbar. Gleichwohl waren sie aber nicht kalte Techniker der Macht, die der wissenschaftlichen Prognose und der Kybernetik quasi als Heilsversprechungen der Moderne bedingungslos verfallen waren. Sicherlich spielten solche technokratischen Elemente eine zentrale Rolle in der entwickelten Konzeption von politischer Planung, nicht aber ohne eine entsprechende Reflexion bezüglich möglicher Folgewirkungen auf den Staat und die demokratische Legitimation seiner Macht. Der in diesem Zusammenhang stehenden Einschätzung Gabriele Metzlers, „technokratisch war die Wahl der Instrumente, demokratisch die Zielsetzung"[371], ist folglich zuzustimmen.

Vergleicht man die Zielsetzung und die Erwartungen, die Horst Ehmke und Reimut Jochimsen vor dem Beginn ihrer Tätigkeit im Bundeskanzleramt

---

[369] Vgl. solche Vermutungen in Ruck, Ein kurzer Sommer, ebd., S.389; sowie Ders., Westdeutsche Planungsdiskurse und Planungspraxis, ebd., S.317.

[370] Vgl. Ehmke, Mittendrin, ebd., S.227.

[371] Vgl. Metzler, Geborgenheit, ebd., S.793f.

formulierten, mit dem Ergebnis zum Ende ihrer Tätigkeit, ergibt sich ein zwiespältiges Bild. Die versuchte Einführung eines ambitionierten Gesamtplanungssystems war offensichtlich gescheitert und auch hatte man keine nennenswerten Fortschritte in dem Bereich gemacht, der gemeinhin unter dem Begriff der ‚Modernisierung von Regierung und Verwaltung' zusammengefasst wird. Ebenso wenig konnten sie ihre Forderungen nach einem vergrößerten Einfluss des Parlaments oder nach einer Aufwertung von Mitbestimmung und Transparenz in der Politik geltend machen. Dennoch lassen sich für die Regierungszentrale und die Informationspolitik innerhalb der Regierung substanzielle Verbesserungen ausmachen, die sich nachhaltig etablierten. Die Modernisierung des Bundeskanzleramtes und das selbst 1972 noch in den Kinderschuhen steckende Informationssystem haben zu einer Stärkung der Richtlinienkompetenz des Kanzlers und zu einer Aufwertung des Kabinetts als Entscheidungsgremium beigetragen. Dass die Arbeit der Planungsabteilung unter dem Jochimsen-Nachfolger Albrecht Müller und dem neuen Kanzleramtschef Horst Grabert scheinbar auf den Stand von vor 1969 zurückfiel, ist dabei zunächst weniger einem neuen Zeitgeist als den Wünschen der einflussreichen Ressortchefs geschuldet. Der Planungsoptimismus hatte mit der ersten sozialliberalen Koalition zwar seinen Gipfelpunkt, aber noch nicht sein Ende erreicht. Dies wird in Projekten wie dem SPD-internen Orientierungsrahmen ´85 deutlich. Doch auch solche Entwürfe sahen sich durch weitgehend unvorhersehbare Ereignisse wie der ökonomischen Krise in Folge des Ölpreis-Schocks 1973 im Niedergang begriffen.

Ausblick

Die Beschäftigung mit dem Komplex der politischen Planung und dem Wirken Horst Ehmkes und Reimut Jochimsens wirft zwangsläufig weitere Fragen auf. So erscheint ein Ansatz, der die Frage nach generationellen und persönlichen Prägungen für das Verständnis von politischer Führung und von Planung in den sechziger und siebziger Jahren in den Mittelpunkt stellt, als lohnend. Vor dem Hintergrund der Neubewertung der 45er-Generation für den Transformationsprozess der Bundesrepublik müsste ein solcher Ansatz auch um den Personenkreis erweitert werden, dessen Mitglieder, wie beispielsweise Reimut Jochimsen, streng genommen nicht mehr zu der genannten Alterskohorte zählten. Denn, so ist zu vermuten, spielte auch diese Gruppe der ‚Spätergeborenen' eine entscheidende Rolle für die „Umgründung der Republik"[372] im Übergang zu den siebziger Jahren und darüber hinaus. Aus diesem Grund wäre es von besonderem Interesse, den Fokus über die sechziger Jahre hinaus auszuweiten und auch Entwicklungen des Folgejahrzehnts miteinzubeziehen, wie beispielsweise die geführten Unregierbarkeitsdebatten, die in vielen Punkten den Diskursen der frühen Sechziger ähnelten. Denn zweifelsohne übten die vormaligen Anhänger steuerungsoptimistischer Machbarkeitsfantasien auch nach dem Niedergang solcher Vorstellungen Einfluss auf die Politik und den wissenschaftlichen Diskurs aus und waren in diesen Bereichen weiterhin prägend.

Daneben war die Planungseuphorie in der ersten Regierung Brandt untrennbar mit der Etablierung des Computers in der Sphäre der Politik verbunden. Gleichzeitig offenbart die Beschäftigung mit der elektronischen Datenverarbeitung eine deutliche Lücke in der zeithistorischen Forschung. Wie wurden neue technische Möglichkeiten von Regierung und Verwaltung konkret bewertet und eingesetzt und in welchem Verhältnis stand die Erwartungshaltung zu dem wirklich vorhandenen Potenzial? Vor dem Hintergrund der euphorischen Bewertung dieses sich ständig weiterentwickelnden Instruments durch die Politik ergäben sich hier lohnende Forschungsansätze. Denn in keinem anderen Bereich manifestierte sich die Fortschritts- und Technikgläubigkeit so deutlich wie hier und steuerte ihren Teil zu dem Wunsch bei, „über den Tag hinaus"[373] zu denken.

---

[372]   Vgl. Görtemaker, Geschichte der Bundesrepublik Deutschland, ebd., S.475.
[373]   Vgl. Brandt, Willy, Über den Tag hinaus, Eine Zwischenbilanz, Hamburg 1974.

VI. Quellen- und Literaturverzeichnis

VI.1 Quellenverzeichnis

Ungedruckte Quellen

Archiv der sozialen Demokratie der Friedrich-Ebert-Stiftung in Bonn (AdsD)
HEAA, Depositum Horst Ehmke
RJAC, Nachlass Reimut Jochimsen

Archiv beim SPD-Parteivorstand im Willy-Brandt-Haus Berlin
Sammlung Horst Ehmke

Gedruckte Quellen
Aufsätze, Memoiren, zeitgenössische Schriften

BEBERMEYER, Hartmut, Regieren ohne Management? Planung als Führungsinstrument moderner Regierungsarbeit, Stuttgart 1974.

BEBERMEYER, Hartmut, Das politische Planungssystem der Bundesregierung – Entwicklung und Stand der institutionellen Voraussetzungen und Instrumentarien, in: JOCHIMSEN, Reimut/SIMONIS, Udo E.(Hrsg.), Theorie und Praxis der Infrastrukturpolitik, Berlin 1970, S.713-732.

BLANK, Ulrich, „Horst Ehmke und der Zwang zur Stärke", in: Frankfurter Hefte, Heft 6, Juni 1970, S.393-397.

EHMKE, Horst, „Die Generation, auf die wir gewartet haben", Referat auf dem SPD-Parteitag in Nürnberg am 19.03.1968, abgedruckt in: „Der Monat", Heft 235/1968, S.5-15.

EHMKE, Horst, Sozialdemokratische Perspektiven, Nicht hinter Godesberg zurück, sondern über Godesberg hinaus, in: Die Neue Gesellschaft, 6/1968, S. 485-490.

EHMKE, Horst (Hrsg.), Perspektiven, Sozialdemokratische Politik im Übergang zu den siebziger Jahren, Reinbek bei Hamburg 1969.

EHMKE, Horst, „Staat" und „Gesellschaft" als verfassungstheoretisches Problem, Antrittsvorlesung an der Universität Bonn am 28.07.1960, abgedruckt in: DERS., Politik der praktischen Vernunft, Frankfurt am Main 1969, S.38-63.

EHMKE, Horst, Leistungen und Perspektiven. Ein Jahr sozial-liberale Regie-
rungs-verantwortung, in: Sozialdemokratischer Pressedienst, P/XXV/225
vom 27.11.1970.

EHMKE, Horst, Planung im Regierungsbereich, Aufgaben und Widerstände, in:
Bulletin der Bundesregierung Nr.187 vom 16.12.1971, S.2026-2035.

EHMKE, Horst, Mittendrin, Von der Großen Koalition zur Deutschen Einheit,
Berlin 1994.

JOCHIMSEN, Reimut, Die Zukunft sozialdemokratischer Wirtschafts- und Gesellschaftspolitik, in: Die Neue Gesellschaft, Sonderheft zum Parteitag der
SPD in Nürnberg, März 1968, S.12-20.

JOCHIMSEN, Reimut, Für einen Bundesentwicklungsplan, Zur Forderung der
SPD nach einem langfristigen Orientierungsrahmen für die Handlungspläne der Regierung, in: Die Neue Gesellschaft, 16/1969, S.237-242.

JOCHIMSEN, Reimut, Zum Aufbau und Ausbau eines integrierten Aufgabenplanungssystems und Koordinationssystems der Bundesregierung, in: Bulletin des Presse und Informationsamtes der Bundesregierung Nr. 97 vom
16.07.1970, S.949-957.

JOCHIMSEN, Reimut, Vorwort, in: KETTENBACH, Hans Werner, Der lange
Marsch der Bundesrepublik, Düsseldorf/Wien 1971, S.7-16.

JOCHIMSEN, Reimut, Planung im staatlichen Bereich, in: Bulletin des Presse-
und Informationsamtes der Bundesregierung Nr. 113 vom 23.07.1971,
S.1236-1244.

JOCHIMSEN, Reimut, Wandel durch Planung, in: Die Neue Gesellschaft,
7/1971, S.467-471.

JOCHIMSEN, Reimut, Planung des Staates in der technisierten Welt, in: Bulletin
des Presse- und Informationsamtes der Bundesregierung Nr. 85 vom
09.06.1972, S.1179-1184.

JOCHIMSEN, Reimut/TEUNER, Peter, Staatliche Planung in der Bundesrepublik
Deutschland, in: LÖWENTHAL, Richard/SCHWARZ, Hans-Peter (Hrsg.), Die
Zweite Republik. 25 Jahre Bundesrepublik Deutschland. Eine Bilanz,
Stuttgart 1974, S. 843-864.

SCHMIDT, Helmut, Anmerkungen zur Absicht eines sogenannten Langzeit-
Programms, in: Die neue Gesellschaft, 18/1971, S.816-821.

Drucksachen der Bundesregierung

Regierungserklärung von Bundeskanzler Willy Brandt vor dem Deutschen Bundestag am 28.10.1969, abgedruckt in: Presse- und Informationsamt der Bundesregierung (Hrsg.), Bundeskanzler Brandt, Reden und Interviews, Bonn 1971, S.13-30.

Große Anfrage der CDU/CSU-Fraktion eingereicht durch die Bundestagsabgeordneten Dr. Stoltenberg, Stücklen und Fraktion am 16.12.1970, Bundestagsdrucksache VI/1620.

Antwort der Bundesregierung auf die Große Anfrage der Fraktion der CDU/CSU betr. Arbeitsprogramm der Bundesregierung zu innenpolitischen Vorhaben am 12.03.1971, Bundesdrucksache VI/1953.

Große Anfrage der CDU/CSU-Fraktion eingereicht durch die Bundestagsabgeordneten Dr. Barzel, Stücklen und Fraktion am 27.09.1971, Bundestagsdrucksache VI/2604.

Zeitungs- und Zeitschriftenartikel

BERGDOLL, Udo, „Keine Verschnaufpause für»Premierminister Brandts«", in: Generalanzeiger vom 10./11.01.1970, gefunden in: Dep. Horst Ehmke, 1/HEAA000130, ADsD Bonn.

BLANK, Ulrich, Politik = Elektronik + Management, in: Die Weltwoche vom 24.12.1970, gefunden in: Dep. Horst Ehmke, 1/HEAA000130, ADsD Bonn.

BODE, Peter M., „Grau und korrekt im Niemandsland", in: Der Spiegel, 41/1975, vom 06.10.1975.

DREHER, Klaus Rudolf, „Die Planer planen die Planung. Über den Beratungsstab des Bundeskanzlers bestehen in Bonn bisher nur vage Vorstellungen", in: Süddeutsche Zeitung vom 11.01.1967.

EHMKE, Horst, „Planen ist keine Sünde, Erfahrungen aus der Bonner Regierungspraxis (I)", in: Die Zeit vom 10.12.1971.

EHMKE, Horst, „Computer helfen der Politik, Zwei Jahre Planung in Bonn, Ein Erfahrungsbericht (II), in: Die Zeit vom 17.12.1971.

ESCHENBURG, Theodor, Kanzler, Kabinett und Koalitionen. Eine kleine Chronik der Richtlinienkompetenz des Regierungschefs, in: Die Zeit vom 08.04.1988.

FROMME, Karl Friedrich, „Unterbundeskanzler Ehmke? Ein Kanzleramtsminister wäre ein verfassungspolitischer Sündenfall", in: Frankfurter Allgemeine Zeitung vom 10.10.1969.

GROSSNER, Klaus, „Wem Zukunft verplant wird", in: Die Zeit vom 09.04.1971.

MOSES Dirk, Das Pathos der Nüchternheit, Die Rolle der 45er-Generation im Prozess der Liberalisierung der Bundesrepublik, in: Frankfurter Rundschau vom 02.07.2002.

NEUHAUSER, Peter, Über Horst Ehmke, in: Der Stern, 16/1970, vom 23.04.1970.

VINE, George, „Enfant terrible statt Wunderkind", in: Welt am Sonntag vom 21.03.1971.

ZUNDEL, Rolf, „Ehmkes Beutezug im Kanzleramt" in: Die Zeit vom 13.03.1970.

ZUNDEL, Rolf, „Bonn, Adenauerallee 141", in: Die Zeit vom 04.09.1970.

ZUNDEL, Rolf, „Auf Normalmaß gestutzt", in: Die Zeit vom 26.03.1971.

O.V., „Kanzleramt: Aus zweiter Hand", in: Der Spiegel, 24/1966, vom 06.06.1966.

O.V., „Kanzleramt: Dünne Decke", in: Der Spiegel, 45/1969, vom 03.11.1969.

O.V., „Kanzleramt: Rund um die Uhr", in: Der Spiegel, 03/1970, vom 12.01.1970.

O.V., „Kanzleramt: Horst von Medici", in: Der Spiegel, 10/1970, vom 02.03.1970.

O.V., „Professor Jochimsen: Plant 15 Jahre SPD", in: Capital, 3/1970, vom 22.01.1970.

O.V.,. „Chefmanager der Regierung", in: Handelsblatt vom 27.08.1970.

O.V., „Kanzleramt: Der Macher", in: Der Spiegel, 6/1971 vom 01.02.1971.

O.V., „Parlaments-Reform: Mit Quickies", in: Der Spiegel, 19/1971, vom 03.05.1971.

O.V., „Planungsstab: Vision von 1985", in: Der Spiegel, 29/1971, vom 12.07.1971.

O.V., „Ehmkes Planungsgruppe ist gescheitert", in: Nordsee-Zeitung vom 19.08.1971, gefunden in: Dep. Horst Ehmke, 1/HEAA000093, ADsD Bonn

O.V., „Planung: Zukunft ohne Zufall", in: Der Spiegel, 38/1971, vom 13.09.1971.

o.V., „Aufgaben und Planung im Regierungsbereich", Interview mit Horst Ehmkes mit dem „Generalanzeiger", abgedruckt in: Bulletin der Bundesregierung, Nr.4, 08.01.1972, S.29-33.

o.V., „Wir brauchen Hilfe, das ist viel zu gut!", in: Der Spiegel, 48/1972, vom 21.11.1972.

o.V., „Wer was wird, weiß nur der liebe Gott", in: Der Spiegel. 49/1972, vom 27.11.1972.

o.V., „Kanzleramt: Planer auf Abruf", in: Wirtschaftswoche vom 08.12.1972.

o.V., „Ein bißchen Bammel ist dabei", in: Der Spiegel. 53/1972, vom 25.12.1972.

o.V., Interview mit Horst Ehmke, „Wozu eigentliche ein Orientierungsrahmen?", in: Vorwärts, 14.11.1974.

VI.2 Literaturverzeichnis

ABELSHAUSER, Werner/HESSE, Jan-Otmar/PLUMPE, Werner (Hrsg.): Wirt-schaftsordnung, Staat und Unternehmen. Neuere Forschungen zur Wirt-schaftsgeschichte des Nationalsozialismus - Festschrift für Dietmar Petzi-na zum 65. Geburtstag. Essen 2003.

ARNDT, Hans-Joachim, Die Figur des Plans als Utopie des Bewahrens, in: Erbracher Studien, Säkularisation und Utopie, Ernst Forsthoff zum 65. Geburtstag, Stuttgart 1967, S.119-154.

BARING, Arnulf, Machtwechsel, Die Ära Brandt-Scheel, Stuttgart 1982.

BEBERMEYER, Hartmut, Das Beziehungsfeld Politische Planung und Strategi-sche Unternehmensplanung, Frankfurt am Main 1985.

BERTAUX, Pierre, Denkmaschinen, Kybernetik und Planung, in: JUNGK, Ro-bert/MUNDT, Hans Josef (Hrsg.), Modelle für eine neue Welt I, Der Griff nach der Zukunft: Planen und Freiheit, München 1964., S.51-81.

BÖHRET, Carl, Das Plannung-Programming-Budegeting System als zukunfts-orientierte Entscheidungshilfe für die Regierung, in: RONGE, Vol-ker/SCHMIEG, Günter (Hrsg.), Politische Planung in Theorie und Praxis, München 1971, S.158-169.

BRACHER, Karl Dietrich/JÄGER, Wolfgang/LINK Werner, Republik im Wandel 1969-1974, Die Ära Brandt, Stuttgart 1986

BRACHER, Karl Dietrich, Die Bewährung der Zweiten Republik (Einleitender Essay), in: HILDEBRAND, Klaus, Von Erhard zur Großen Koalition: 1963-1969, Wiesbaden 1984, S. 7-16.

BRANDT, Willy, Über den Tag hinaus, Eine Zwischenbilanz, Hamburg 1974.

BRAUSWETTER, Hartmut H, Kanzlerprinzip, Ressortprinzip und Kabinettsprin-zip in der ersten Regierung Brandt 1969-1972, Bonn 1976.

BRINCKMANN, Andrea, Wissenschaftliche Politikberatung in den 60er Jahren, Die Studiengruppe für Systemforschung, 1958 bis 1975, Berlin 2006.

BRINCKMANN, Hans/KUHLMANN, Stefan, Computerbürokratie, Ergebnisse von 30 Jahren öffentlicher Verwaltung mit Informationstechnik, Opladen 1990.

BUSSE, Volker, Organisation und Aufbau des Bundeskanzleramtes – Histori-scher Überblick, in: BIERMANN, Harald (Hrsg.), Die Bundeskanzler und ihre Ämter, Bonn 2006, S.208-215.

COHEN, Stephen, Moderne kapitalistische Planung: Das Französische Modell, in: NASCHOLD, Frieder/VÄTH, Werner, Politische Planungssysteme, Opladen 1973, S.43-59.

DAHRENDORF, Ralf, Gesellschaft und Demokratie in Deutschland, München 1965.

DAHMS, Hans-Jürgen, Das Informationssystem zur Vorhabenplanung der Bundesregierung, in: HOSCHKA, Peter/KALBHEN, Uwe (Hrsg.), Datenverarbeitung in der politischen Praxis, Frankfurt am Main 1975, S.73-101.

DOERING-MANTEUFFEL, Anselm, Ordung jenseits der politischen Systeme: Planung im 20. Jahrhundert, in: Geschichte und Gesellschaft. Zeitschrift für Historische Sozialwissenschaft, Band 34/2008, Heft 3, S.398-406.

FLOHR, Heiner, Die Tätigkeit der Planungsabteilung im Bundeskanzleramt, in: STEFFANI, Winfried (Hrsg.), Gesellschaftlicher Wandel und politische Innovation: Tagung der Deutschen Vereinigung für Politische Wissenschaft in Mannheim, Opladen 1972, S.54-69.

GREBING, Helga, Ideengeschichte des Sozialismus in Deutschland, Teil 2, in: DIES. (Hrsg.), Geschichte der sozialen Ideen in Deutschland. Sozialismus - Katholische Soziallehre - Protestantische Sozialethik, Wiesbaden 2005, S.355-585.

GÖRTEMAKER, Manfred, Geschichte der Bundesrepublik Deutschland, Von der Gründung bis zur Gegenwart, München 1999.

HABERMAS, Jürgen, Verwissenschaftliche Politik und öffentliche Meinung, in: DERS., Technik und Wissenschaft als Ideologie, Frankfurt am Main 1969, S.120-145.

HAHN, Jörg, Ökonomie, Politik und Krise diskutiert am Beispiel der ökonomischen Konzeption Karl Schillers, Würzburg 1984.

HEILMANN, Ullrich/SIMONIS, Udo E., Vorwort, in: DIES. (Hrsg.), Ökonomie für die Politik – Politik für die Ökonomie, Ausgewählte Schriften von Reimut Jochimsen, Berlin 2003, S.7-15

HERBST, Ludolf, Das nationalsozialistische Deutschland 1933-1945, Die Entfesselung der Gewalt: Rassismus und Krieg, Frankfurt am Main 1996.

HILDEBRANDT, Klaus, Von Erhard zur Großen Koalition 1963-1969, Wiesbaden 1984.

JUNGK, Robert, Modelle für eine neue Welt, in: DERS./MUNDT, Hans Josef (Hrsg.), Modelle für eine neue Welt I, Der Griff nach der Zukunft: Planen und Freiheit, München 1964, S. 23-36.

JUNGK, Robert, Gesucht: Ein neuer Mensch, Skizze zur einem Modell des Planers, in: DERS./MUNDT, Hans Josef (Hrsg.), Modelle für eine neue Welt I, Der Griff nach der Zukunft: Planen und Freiheit, München 1964, S.505-516.

KAISER, Joseph H., Vorwort, in: Ders. (Hrsg.), Planung I, Recht und Politik der Planung in Wirtschaft und Gesellschaft, Baden-Baden 1965, S.7-9.

KAISER, Joseph H., Vorwort, in: Ders. (Hrsg.), Planung III, Mittel und Methoden planender Verwaltung, Baden-Baden 1968, S.7.

KLAGES, Helmuth, Planungspolitik, Probleme und Perspektiven der umfassenden Zukunftsgestaltung, Stuttgart 1971.

KORTE, Hermann, Gesellschaft im Aufbruch, Die Bundesrepublik in den sechziger Jahren, Frankfurt am Main 1987.

KNOLL, Thomas, Das Bonner Bundeskanzleramt, Organisation und Funktionen von 1949-1999, Wiesbaden 2004.

KNORR, Heribert, Der parlamentarische Entscheidungsprozess während der Großen Koalition 1966 bis 1969: Struktur und Einfluss der Koalitionsfraktionen und ihr Verhältnis zur Regierung der Großen Koalition, Hain 1975.

VAN LAAK, Dirk, Planung. Geschichte und Gegenwart des Vorgriffs auf die Zukunft, in: Geschichte und Gesellschaft, Zeitschrift für Historische Sozialwissenschaft, Band 34/2008, Heft 3, S. 305-326.

LÖSCHE, Peter/WALTER, Franz, Die SPD, Klassenpartei, Volkspartei, Quotenpartei, Darmstadt 1992.

LÜTJEN, Torben, Karl Schiller (1911-1994), „Superminister" Willy Brandts, Bonn 2007.

METZLER, Gabriele, Am Ende aller Krisen? Politisches Denken und Handeln in der Bundesrepublik der sechziger Jahre, in: Historische Zeitschrift, Band 275/2002, S.57-103.

METZLER, Gabriele, „Geborgenheit im gesicherten Fortschritt". Das Jahrzehnt von Planbarkeit und Machbarkeit", in: FRESE, Matthias/PAULUS, Julia/TEPPE, Karl (Hrsg.), Demokratisierung und gesellschaftlicher Aufbruch. Die sechziger Jahre als Wendezeit der Bundesrepublik, Paderborn 2003, S.777-797.

METZLER, Gabriele, Demokratisierung durch Experten?, Aspekte politischer Planung in der Bundesrepublik, in: HAUPT, Heinz Gerhard/REQUATE, Jörg (Hrsg.) Aufbruch in die Zukunft Die 1960er Jahre zwischen Planungseuphorie und kulturellem Wandel. DDR, CSSR und Bundesrepublik Deutschland im Vergleich, Weilerwist 2004, S.267-287.

METZLER, Gabriele, Konzeptionen politischen Handelns von Adenauer bis Brandt, Politische Planung in der pluralistischen Gesellschaft, Paderborn 2008.

MOSES, Dirk, Die 45er. Eine Generation zwischen Faschismus und Demokratie, In: Neue Sammlung Bd. 40/2000, S. 233-267.

NICLAUß, Karlheinz, Kanzlerdemokratie, Paderborn 2004.

NÜTZENADEL, Alexander, Stunde der Ökonomen, Wissenschaft, Politik und Expertenkultur in der Bundesrepublik 1949-1974, Göttingen 2005.

PICHT, Georg, Die deutsche Bildungskatastrophe. Analyse und Dokumentation, Freiburg i. Br. 1964.

RUCK, Michael, Ein kurzer Sommer der konkreten Utopie – Zur westdeutschen Planungsgeschichte der langen 60er Jahre, in: SCHILDT, Axel/SIEGFRIED, Detlef (Hrsg.), Dynamische Zeiten, Die 60er Jahre in den beiden deutschen Gesellschaften, Hamburg 2003, S.362-401.

RUCK, Michael, Westdeutsche Planungsdiskurse und Planungspraxis der 1960er Jahre im internationalen Kontext, in: HAUPT, Heinz Gerhard/REQUATE, Jörg (Hrsg.) Aufbruch in die Zukunft Die 1960er Jahre zwischen Planungseuphorie und kulturellem Wandel. DDR, CSSR und Bundesrepublik Deutschland im Vergleich, Weilerwist 2004, S.289-325

SCHANETZKY, Tim, Sachverständiger Rat und Konzertierte Aktion: Staat, Gesellschaft und wissenschaftliche Expertise in der bundesrepublikanischen Wirtschaftspolitik, in: Vierteljahrsschrift für Sozial- und Wirtschaftsgeschichte 3/2004, S. 310-331.

SCHATZ, Heribert, Auf der Suche nach neuen Problemlösungsstrategien: Die Entwicklung der politischen Planung auf Bundesebene, in: MAYNTZ, Renate/SCHARPF, Fritz (Hrsg.), Planungsorganisation, Die Diskussion um die Reform von Regierung und Verwaltung des Bundes, München 1973, S.9-67

SCHATZ, Heribert, Politische Planung im Regierungssystem der Bundesrepublik Deutschland, Göttingen 1974.

SCHATZ, Heribert, Das politische Planungssystem des Bundes – Idee, Entwicklung, Stand, in: PFOHL, Hans-Christian/RÜRUP, Bert (Hrsg.), Anwendungsprobleme moderner Planungs- und Entscheidungstechniken, Königstein/Ts. 1978, S. 241-257.

SCHARPF, Fritz W., Planung als politischer Prozess, in: SCHÄFERS, Bernhard (Hrsg.), Gesellschaftliche Planung, Materialien zur Planungsdiskussion in der BRD, Stuttgart 1973, S. 169-201

SCHARPF, Fritz W., Fördernder und Fordernder, in: BENTLE, Karl-Heinz u.a., Metamorphosen. Annäherungen an einen vielseitigen Freund. Für Horst Ehmke zum Achtzigsten, Bonn 2007, S.138-148.

SCHEIBE, Moritz, Auf der Suche nach der demokratischen Gesellschaft, in: ULRICH, Herbert (Hrsg.), Wandlungsprozesse in Westdeutschland, Belastung, Integration, Liberalisierung 1945-1980, Göttingen 2003, S.245-277.

SCHELSKY, Helmut, Die skeptische Generation. Eine Soziologie der deutschen Jugend, Düsseldorf/Köln 1957.

SCHELSKY, Helmut, Der Mensch in der wissenschaftlichen Zivilisation, in: Arbeitsgemeinschaft für Forschung des Landes Nordrhein-Westfalen, Geisteswissenschaften, Heft 96, Köln/Opladen 1961. S.28-32.

SCHELSKY, Helmut, Planung der Zukunft, Die rationale Utopie und die Ideologie der Rationalität, in: Soziale Welt, Zeitschrift für sozialwissenschaftliche Forschung und Praxis, 17. Jg./1966, Heft 2, S.155-172.

SCHILDT, Axel, Ende der Ideologien? Politisch-ideologische Strömungen in den 50er Jahren, in: DERS./SYWOTTEK, Arnold (Hrsg.), Modernisierung im Wiederaufbau, Bonn 1993, S.627-635.

SCHILLER, Karl, Produktivitätssteigerung und Vollbeschäftigung durch Planung und Wettbewerb, in: DERS., Der Ökonom und die Gesellschaft, Das freiheitliche und das soziale Element in der modernen Wirtschaftspolitik, Vorträge und Aufsätze, Stuttgart 1964, S.119-136.

SCHLECHT, Otto, Konzertierte Aktion als Instrument der Wirtschaftspolitik, Tübingen 1968.

SCHÖNHOVEN, Klaus, Wendejahre, Die Sozialdemokratie in der Zeit der Großen Koalition 1966-1969, Bonn 2004.

SCHMIDT, Manfred G., Die „Politik der inneren Reformen" in der Bundesrepublik Deutschland 1969-1976, in: Politische Vierteljahresschrift, 19/1978, S.201-253.

SCHÖLLGEN, Gregor, Willy Brandt, Berlin/München 2001.

STÜWE, Klaus, Die Rede des Kanzlers, Regierungserklärungen von Adenauer bis Schröder, Wiesbaden 2005.

SÜSS, Winfried, „Wer aber denkt für das Ganze?" Aufstieg und Fall der ressortübergreifenden Planung im Bundeskanzleramt, in: FRESE, Matthias/PAULUS, Julia/TEPPE, Karl (Hrsg.), Demokratisierung und gesellschaftlicher Aufbruch. Die sechziger Jahre als Wendezeit der Bundesrepublik, Münster 2003, S. 349-377

SÜSS, Winfried, „Rationale Politik" durch sozialwissenschaftliche Beratung? Die Projektgruppe Regierungs- und Verwaltungsreform 1966-1975, in: FISCH, Stefan/RUDLOFF, Wilfried (Hrsg.) Experten und Politik: Wissenschaftliche Politikberatung in geschichtlicher Perspektive, Berlin 2004, S.329-348.

TOOZE, Adam, Die Ökonomie der Zerstörung: die Geschichte der Wirtschaft im Nationalsozialismus, München 2008.

WALTER, Franz, Charismatiker und Effizienzen: Porträts aus 60 Jahren Bundesrepublik, Frankfurt am Main 2009.

WEFING, Heinrich, Die Heimatlosigkeit der Macht – Zur Architektur der deutschen Kanzlerämter, in: BIERMANN, Harald (Hrsg.), Die Bundeskanzler und ihre Ämter, Bonn 2006, S.192-205.

WILDAVSKY, Aaron, Plädoyer für die Trennung von politischer Analyse und PPBS, in: NASCHOLD, Frieder/VÄTH, Werner (Hrsg.), Politische Planungssysteme, Opladen 1973, S.114-141

WILMS, Bernhard, Zur Dialektik der Planung. Fichte als Theoretiker einer geplanten Gesellschaft, in: Ebracher Studien, Säkularisation und Utopie, Ernst Forsthoff zum 65. Geburtstag, Stuttgart 1967, S.155-167.

WINKLER, Heinrich August, Der lange Weg nach Westen, Band II: Deutsche Geschichte vom „Dritten Reich" bis zur Wiedervereinigung, München 2000.

WOLFRUM, Edgar, Die geglückte Demokratie, Geschichte der Bundesrepublik Deutschland von ihren Anfängen bis zur Gegenwart, Stuttgart 2006.

Abonnement

Hiermit abonniere ich die Reihe **Göttinger Junge Forschung (ISSN 2190-2305)**, herausgegeben von Dr. Matthias Micus,

❏   ab Band # 1

❏   ab Band # ___

     ❏   Außerdem bestelle ich folgende der bereits erschienenen Bände:

        #___, ___, ___, ___, ___, ___, ___, ___, ___, ___, ___, ___

❏   ab der nächsten Neuerscheinung

     ❏   Außerdem bestelle ich folgende der bereits erschienenen Bände:

        #___, ___, ___, ___, ___, ___, ___, ___, ___, ___, ___, ___

❏   1 Ausgabe pro Band   ODER   ❏   ___ Ausgaben pro Band

Bitte senden Sie meine Bücher zur versandkostenfreien Lieferung innerhalb Deutschlands an folgende Anschrift:

Vorname, Name: _____

Straße, Hausnr.:   _____

PLZ, Ort: _____

Tel. (für Rückfragen): _____ *Datum, Unterschrift:* _____

Zahlungsart

❏   *ich möchte per Rechnung zahlen*

❏   *ich möchte per Lastschrift zahlen*

bei Zahlung per Lastschrift bitte ausfüllen:

Kontoinhaber: _____

Kreditinstitut: _____

Kontonummer: _____ Bankleitzahl: _____

Hiermit ermächtige ich jederzeit widerruflich den *ibidem*-Verlag, die fälligen Zahlungen für mein Abonnement der Schriftenreihe **Göttinger Junge Forschung** von meinem oben genannten Konto per Lastschrift abzubuchen.

Datum, Unterschrift: _____

Abonnementformular entweder **per Fax** senden an: **0511 / 262 2201** oder 0711 / 800 1889
oder als **Brief** an: *ibidem*-Verlag, Julius-Leber Weg 11, 30457 Hannover oder
als e-mail an: ibidem@ibidem-verlag.de

***ibidem*-Verlag

Melchiorstr. 15

D-70439 Stuttgart

info@ibidem-verlag.de

www.ibidem-verlag.de
www.ibidem.eu
www.edition-noema.de
www.autorenbetreuung.de

www.ingramcontent.com/pod-product-compliance
Lightning Source LLC
Chambersburg PA
CBHW050528270326
41926CB00015B/3126